学校推薦型選抜・総合型選抜

だれでも上手に書ける

小論文

合格ノート

「小論ラボ」主宰　菊池　秀策

＊この本で使われている現在の名称と旧名称との対応は、以下のとおりです。

● 学校推薦型選抜：旧・推薦入試
● 総 合 型 選 抜：旧・AO入試
● 一 般 選 抜：旧・一般入試

＊この本は、2020年12月時点の情報にもとづいて執筆されています。

はじめに

✽ 小論文って何？　というみなさんのために書いた本

- ◉ 自分が受ける入学試験に小論文があるけれど、何もしていない……
- ◉ 小論文の対策をしたいけれど、何をすればいいかわからない……
- ◉ そもそも、小論文ってなんだろう……

このような悩みをもつみなさんのために、この本を書きました。

突然「ハイ、小論文を書いてみて」と言われて、スラスラと書ける受験生はほとんどいません。なぜなら、高校で小論文を長期間にわたって、しかも体系的に学ぶことはあまりないからです。ほぼすべての受験生は、小論文という入試科目を前にして思い悩むことになります。「自分はどうしてこんなにも書けないのだろう」そう思うこともあるでしょう。でも、それはあなただけではありませんし、書けないのはあなたの能力がないからではありません。<u>たんに「訓練」をしていないから「書けない」だけなのです。小論文を書くための「技法」を学び、実際に「訓練」をすれば、必ず書けるようになります。</u>心配は無用です。あなたのために、この本は存在します。

✽ ゼロからはじめて合格答案を書けるまでアシストします

この本は次のような構成になっています。

❶ 「小論文」を考えよう：小論文とはどういうものなのかということについて、基礎の基礎から説明しています。

❷ 「書くこと」を考えよう：小論文を書くにあたって、どのような準備をし、どのような構成で書けばよいのかを、順を追って解説しています。

❸ 「何が出るか」を考えよう：例題をもとにして、「合格点まであと一歩の答案例」と「合格点がもらえる答案例」をそれぞれ1つずつ掲載しています。「合格点まであと一歩の答案例」では、改善できる点を添削形式でコメントしています。また、「合格点がもらえる答案例」では、どの点が高ポイントなのかについて解説しています。

さらに、幅広い学部・系統の小論文の頻出テーマを分析したうえで、すべて実際の入試問題を用いて構成してあります。

この本を読み、実際に答案を自分なりに書いて解説を読み込むことにより、小論文にたいする不安はいつの間にか解消していることでしょう。答案を書ける自分にびっくりするはずです。安心して読み進めていってください。

✽ 謝　　辞

さまざまな方の助けを得て、この本は完成しました。「はじめに」の最後に、本書の出版にご尽力をいただいた㈱KADOKAWA の山川徹氏に心より感謝し、ここにてお礼を申し上げます。

菊池　秀策

＊以下、「第1章」〜「第3章」各「テーマ」には★の5段階評価がついています（★が多いほど高評価です）。
「第1章」「第2章」の★は「重要度」、「第3章」の★は「頻度」をそれぞれ表します。

イラスト　沢音 千尋

この本の特長

＊この本は、3つの「章」からなります。それぞれの「章」のねらいと特長を、菊池先生に書いて
いただきました。

➤ 第1章 「小論文」を考えよう

ひと言でいえば、小論文とは、出題者と「対話」するなかで自分なりに考えたことを「答案」と
して表現することです。この「章」では、そのような小論文の「正体」を解き明かしていきます。
ここを読めば、小論文にたいして必要以上に身がまえる必要はないとわかります。

また、「だれが小論文の問題を出しているの？」「よく『論理的な文章』っていわれるけど、『論
理的』ってどういうことなの？」などの疑問にも答えます。ここを読めば、自分が乗り越えるべき
課題は何か、これから自分がすべきことは何か、がわかります。

小論文で試される力は、大学に入ってからも求められます。「入試」だけにとらわれず、将来の
学びのための訓練だと思って、楽しんで取り組みましょう。

➤ 第2章 「書くこと」を考えよう

この「章」では、大きく分けて2つの事柄を学びます。1つは、「アイデアの発想法」、そしても
う1つは「構成メモの書き方」です。

「アイデアの発想法」としては、私自身が答案を書くときに実際に使っているアイデアの引き出し
方をご紹介します。みなさんは、これまで生きてきたなかでたくさんのことを吸収してきたはずで
す。アイデアが出てこないのは、たんに発想する方法を知らないからなのです。

「構成メモの書き方」としては、文章の組み立て方についてお話しします。みなさんは、小論文を
練習するときに、頭の中で考えたことをそのまま答案用紙に書いていませんか？　じつは、試験時
間内に論理的な文章を書くには、事前にメモすることが必須なのです。

➤ 第3章 「何が出るか」を考えよう

この「章」は、実際に出された問題を通じて学んできたことを整理し演習する「実践編」です。
問題文を読み、自分で「構成メモ」をとり、答案を自分なりに書いてから、「合格点まであと一歩
の答案例」「合格点がもらえる答案例」のそれぞれの答案例と私からの2種類のコメントに目を通
しましょう。ただ答案例を読むだけではいけません。頭をフル回転させ、必ず自分で書いてください。

この「章」では、学部・系統ごとのさまざまな分野について「テーマ」別に学びますが、特定の
「テーマ」だけを「つまみ食い」するのはおすすめしません。たとえば、社会科学系学部の小論文
で社会科学の「テーマ」だけが出るとは限りません。学部・系統によらずできるだけ多くの知識を

得ていれば、それらは頭の中で自然とつながり、自分でも信じられないほど豊かな発想が生まれることがあるのです。この「章」を勉強すれば、考え抜いた先に広がる、見たことのない光景に出合えます。

この本のつくり

- この本は、
  - 文章は、読むのも書くのも苦手だという人
  - 小論文対策に何一つ手をつけていない人
  - 自分の志望校の過去問を解こうとしても何を書いたらよいのかわからず、手が動かない人

などが、小論文対策の「基礎固め用」として読むのに最適です。この本で学んだ内容を身につければ、歯が立たなかった自分の志望校の過去問が、あっけないほど簡単に解けるようになります。

- この本は、3つの「章」を通じて以下のような内容が身につく「オールインワン型」参考書です。
  - 小論文の心がまえ
  - 書く前に働かせるべき頭の使い方
  - アイデアの出し方
  - 合格レベルの答案の書き方
  - 各学部・系統で問われる専門知識

- この本に収録されている全59「テーマ」にはすべて書き込みスペースが設けられています。

- 各「テーマ」では、実際に学校推薦型選抜・総合型選抜の試験で出題された小論文問題（改題含む）にたいしてそれぞれ答案例が示されています。「第1章」「第2章」の「テーマ」における問題の指定字数は各100〜200字程度、「第3章」では400字程度です。

- 「第1章」「第2章」の説明は、小論文指導のエキスパートである菊池先生によるモノローグ（独話）です。小論文「ノー勉」の人でもスラスラ読めるわかりやすさでありながら、最終的には過去問演習に到達できるようレベル設定されています。かといって、マニアックな内容までには踏み込まず、各教科・科目とのバランスを考慮し、必要にして十分な内容のみに絞って書かれています。

- 「第3章」で取り上げられている「合格点まであと一歩の答案例」と「合格点がもらえる答案例」のレベルは、入試における合格点のボーダーが100点満点中60点だと仮定した場合、それぞれ55点付近と65点付近に設定されています。惜しい答案例と合格最低レベルの答案例から、小論文の雰囲気を実感してください。

- 「第3章」では学部・系統別に対策を行なっていますが、選抜では何が出題されるか予想できないので、自分の志望分野以外の「テーマ」にも必ず目を通し、練習として答案をまとめてください。なお、「第3章」の書き込みスペースは400字以内ですが、答案例は400字を超える場合もあります。

- 学校推薦型選抜受験予定者・総合型選抜受験予定者が使うことを想定して書かれていますが、一般選抜の試験科目として小論文対策を行ないたいという受験者にも十分使える内容・構成です。

テーマ 1

「小論文」ってなんだ？

重要度 ★★★★★

⊘ 小論文ってナニ？

突然ですが、問題です。入試科目に「小論文」があるけれど、そもそも「小論文」ってなんのことでしょうか？　ちょっと考えてみましょう。とはいっても、イキナリ聞かれても「そんなの考えたくない！」って思いますよね。では、答えをいいますね。

▶ 小論文は、問題に正面から答えたチョット長い文章のコト

以上です。えっ、そんな答えで終わらせるなって？　まあまあ落ち着いて。まずは 問題 を自分で解いてみて、小論文を体感してみましょう。ぼくから話を聞くだけより、そっちのほうが早いですよ！

問題 「流行」とは何か、100字程度で述べよ。

(東北福祉大学総合マネジメント学部情報福祉マネジメント学科／改題)

自分で書いてみよう

これから、この 問題 にたいする2つの答案を書いてみます。どちらが「小論文」としてよりよい答案か、選んでみましょう。

解答❶ 私はYouTubeで動画を見ることが多くなった。動画の中には、テレビのバラエティ番組のようなおもしろいものから、教育に関係するものまでたくさんある。私も流行を生みだせるような動画を作りたいと思っている。　　　　　　(95字)

解答❷ 「流行」とは、社会において、ある年代の人びとやグループに属する人びとのあいだで一時的に広まった文化のことだと考える。流行は継続して受け継がれることは少ない。そのため、一定の範囲で瞬間的に広まるのが流行である。 (104字)

よりよい答案は **解答❷** です。問題で問われている「流行」についてきちんと定義し、自分の考えとして述べているからです。このように、問題文が何を聞いているかを理解し、それに適切に答えることが、問題に正面から答えるということです。「あなたの好きなスポーツは？」と聞かれて、「りんごはおいしいです」とは答えませんよね。一方、**解答❶** は、流行の定義ではなく「自分の経験」のみを答えており、問題に答えていないので、残念ながら高得点は望めないでしょう。

▶問題が何を尋ねているのか、それを考えて、正面から答えよう

小論文には、「問題の分析」と「分析したことへの答え」が必要

小論文では、みなさんが思ったことや考えたことを自由に書けばよいわけではありません。小論文を書くときには、まず問題文を「分析」し、それにたいする「答え」を書くのです。「分析」についてはまたあとでお話ししますので、楽しみにしていてくださいね。

▶「小論文」には、問題文の「分析」と、それにたいする「答え」が必要

このことをふまえたうえで話をしていきますね。これからは問題文のことを「問題」、答えのことは「解答」とよびます。小論文とは、問題で何が聞かれているかを考え、それにたいする解答を書いている文章のことなのです。

小論文の「問題」の3つの形式

小論文とよばれる入試問題には大きく分けて3つの出題形式がありますので、ご紹介しますね。

- 出題形式1＝テーマ型：シンプルで短い問題にたいする考えを書く
- 出題形式2＝課題文型：長めのまとまった文章を読み、要約や考えを書く
- 出題形式3＝資料型：グラフなどの図表を読み取り、考えを書く

このように、小論文の試験には3つの形式がありますが、この本では、出題されることが多い「テーマ型」の問題を扱います。

テーマ **2** 「小論文」は「入試科目」

重要度 ★★★☆☆

「小論文」がどういうものかはわかったけれど……

前回「小論文」は「問題に正面から答えたチョット長い文章のコト」だとお伝えしました。大学によって、「小論文」にはいろいろな形式があるし、何をどのように対策したらよいかわからない、という声を聞くことがたくさんあります。出題形式がいっぱいあるなら、対策してもムダ！ やーめた！ といいたくなるかもしれませんが、そんなことはありませんよ。

▶「小論文」の対策がわからないからって、あきらめちゃダメ！

たとえば、「数学」なら、公式を覚えたりいろんな問題を解いたりして、試験に備えますよね。「英語」でも、英単語や英文法から始めて、そのうちに、入試で出されるような、ムズカシイ長文が読めるようになるわけです。「小論文」だって、「数学」や「英語」と同じ「入試科目」なのですから、その対策ができないわけがありません。ただ、その方法が独特なだけなのですね。 問題 を通して考えてみましょう。

▶「小論文」は、入試科目である以上、対策して乗り越えることができる

問題 人工知能の発達とともに、人間の関与を必要とする作業は大幅に減少するといわれている。そうしたなかで、働き方はどのように変わるだろうか。あなたの考えを200字程度で述べよ。

(大同大学工学部／改題)

自分で書いてみよう

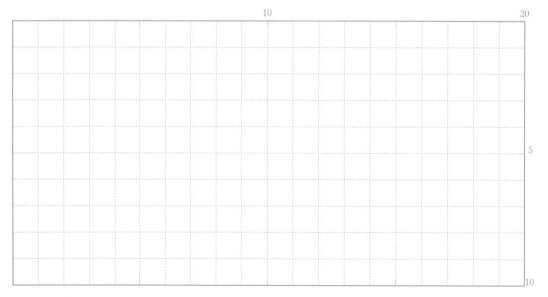

解答 人工知能は、膨大な量のデータを学習することで、ある程度自律的に作動することが可能だ。人間が苦手または不可能な領域に人工知能が関与する。たとえば、大量のデータを取り込んで処理することや、危険な作業をすることが考えられる。これにより、仕事を省力化し、私たちは人間にしかできないことに注力できる。異種のものを組み合わせてまったく新しいものを作り出す仕事や、繊細さを要する仕事に重心が移っていくと考える。

(198字)

◎ 小論文には、問題に答えるにあたっての前提知識が必要

この **解答** を作成するために必要なものはなんでしょうか？
まずは、「人工知能」とは何か、ということがわかっていないと解けませんよね。「人工知能」のことを知っていたうえで、「人工知能が従来は人間がしていた作業を行なうようになる」ということを知っていなければなりません。
そして、この知識は、「工学部」に入るには必須の知識です。ようは、自分が受験する学部に合わせた知識を得ておく必要があるのです。

▶まずは学部に関連した「知識」を吸収することを考えよう

◎ 知識と書き方があってはじめて「小論文」が書ける

ここまで、受験学部に合わせた知識を得ることを考えてきました。その知識をふまえて、さあ答案を書こう！　となるわけです。けっきょく、「数学」の公式の暗記、「英語」の英単語や文法の暗記と同じですよね。
「小論文」にもさまざまな「前提知識」が必要です。そして、それをもとに、「書き方」を習得して、やっと「合格答案」が書けるわけです。少し長い道のりですが、いっしょにがんばっていきましょう！

▶知識と書き方という基礎を固めれば、「合格答案」は書ける

テーマ 3 どれくらい期間が必要か

重要度 ★★★☆☆

◎ 結局、小論文にはどれくらい時間をかければよいのだろう？

小論文には「前提知識」と「書き方」を学ぶ必要があることはわかったけれど→テーマ2、それらを身につけるために、具体的にどれくらい時間をかければよいのでしょうか。もちろん、それはみなさんそれぞれがもともともっている文章力や知識によるのですが、だいたい次のようなことがいえます。

▶ 小論文対策は、入試の最低1か月前には始めよう

なぜ「最低1か月前」なのかというと、知識を頭に入れながら、書き方まで身につけるためには、どんなに短くとも1か月はかかるというのが、ぼくの経験上わかっているからです。入試の1週間前に駆け込んできても、そううまくはいきません！　今回も、実際の入試問題から学んでいきましょう。

問題 2005年にわが国では食育基本法が制定され、家庭、学校、地域でとくに若年層の食をめぐる改善が進められている。こうした動きの背景には、食習慣や食内容、食材などにかんするわが国固有の問題があったと考えられる。あなたはわが国の食にどのような問題があり、どのように改善したらよいと考えるか。あなたの考えを200字程度で述べよ。

(川村学園女子大学生活創造学部生活文化学科／改題)

自分で書いてみよう

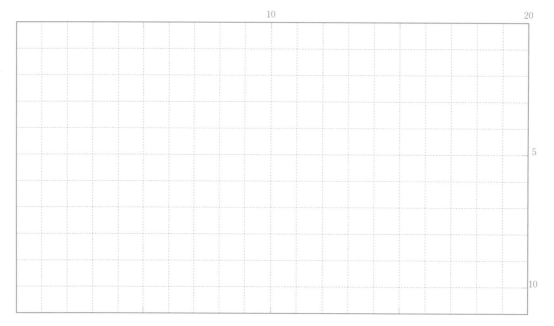

解答　食育とは、食にかんする正しい知識と望ましい食習慣を身につけることで、子どもたちの成長の基礎となるものだ。しかし、現代の日本では、欠食や不規則な食事、偏った食生活が問題となっている。これらを解決するためには、家庭での食のあり方を考えるとともに、学校や地域社会も一丸となって食生活の改善を目指すことが必要だ。具体的には、専門知識を活用した学校給食の提供や、食料の生産現場を実際に見学する取り組みなどが効果的だ。

(203字)

⊘ 小論文では、「知識の吸収」と「書き方の習得」を同時に行なおう

この答案を書くには、「食育」とはなんなのか、ということや、食にかんする「わが国固有の問題」の知識が必要ですよね。
また、そのような「問題」にたいして、どのような対策がなされているのかを知っておかなければ、答案を書くことができません。つまり、入試前に知識を得ておかなければならないのです。

▶入試で問われそうなことにかんする知識はじっくりと身につける

知識をたくさん身につけたとしても、それを入試の場で文章の形で書くことができなければ、合格答案とすることはできません。知識をうまくアウトプットすることが重要なのです。これは数日で身につくものではありません。知識の吸収といっしょに行なっていきましょう。

▶答案の書き方は、付け焼刃では身につかない

「知識の身につけ方」はテーマ19とテーマ20で扱います。また、獲得した知識をどのように答案にアウトプットしていくかは、テーマ21以降でくわしく解説していきますので、楽しみにしていてくださいね。
小論文を一瞬で書くことができるようになる魔法は存在しません。それも、英語や数学など他の科目と同じです。そして、入試でより高得点を望むのなら、入試の3か月前までには対策を始めてほしいと思います。

テーマ4 1日どのくらい勉強するの？

重要度　★★★★☆

じゃあ、1日の勉強時間は？

「小論文」には「最低1か月」は取り組む必要があることはわかった→テーマ3けれど、具体的に1日に小論文にあてる勉強時間も気になりますよね。

結論からいうと、「人それぞれ」です。なぜなら、人によって知識量や文章力が異なるからです。ただ、1つだけいえるのは、英語、数学、国語など、他の科目とのバランスをとりながら小論文に取り組む必要がある、ということです。

▶「小論文」は、他の科目のことも考えてから勉強計画を立てよう

小論文の本でそんなこという？　と思うかもしれませんが、これは事実です。

みなさんは小論文の対策だけをしていればよいわけではありません。定期試験や模擬試験がありますし、それが学校の評定にかかわることもあります。したがって、自分が小論文を勉強するにも、他の科目の合間にせざるを得ないのが実情でしょう。それを考えるために、問題.を出しますね。

問題.　グローバル化とは「人、物、金、情報が国境を越えて自由に地球上を飛び交う現象」（『現代用語の基礎知識』、2018年、自由国民社より）とされている。地球上には、いろいろな国家があり、いろいろな民族が存在し、いろいろな文化をもった人たちが生活している。あなたの身近で起きている、あるいは感じられるグローバル化の具体例を取り上げ、グローバル化とこころとの関係について、あなたの考えを200字程度で述べよ。

（明治学院大学心理学部心理学科／改題）

自分で書いてみよう

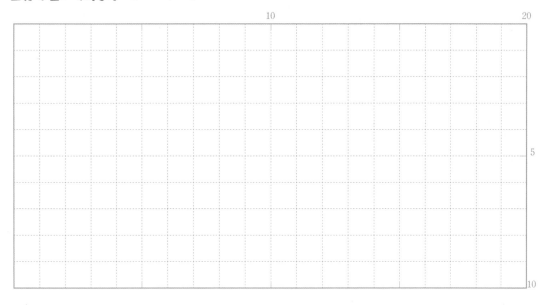

解答　　グローバル化の具体例として、外国人観光客の増加が挙げられる。私の住む街の周りには歴史的な建造物が多く、外国から来たと思われる観光客がここ数年で増えた。これによって、今まで基本的に日本語を話す人だけとかかわってきた日本人のこころが変わってくると考える。すなわち、日本語だけではコミュニケーションがうまくいかないことが多くなり、これまでの意思疎通のあり方を再考する機会になってきているということだ。

(197字)

◯ 小論文の勉強は、継続的な問題演習とスキマ時間の情報収集がカギ

　この問題を解くためには、「グローバル化」がどういうことを意味するのかを知っておかないといけません。また、自分の身の回りに目を向けることも必要ですよね。加えて、「グローバル化とこころの関係」について聞かれているわけですから、「こころ」や心理学の初歩くらいは学んでおくことが求められています。問題1つを見てみても、幅広い知識が必要とされるわけです。これを限られた時間で学ばないといけません。

▶小論文を書くには、幅広い知識を短時間で習得することが求められる

　それでも、他の教科に時間をとられるわけですから、どうすれば……と思うかもしれませんが、1つだけ、基準を提案します。1週間に1題は小論文の問題を解いて、その問題にかんする知識をスキマの時間で調べる、ということです。小論文のために、分厚い本を何冊も読む、というのは現実的ではありません。コンスタントに問題を解き、少し時間があいたときにその問題にかんする知識をネットで検索して調べるだけでも、相当な力がつきます。高校生のみなさんは忙しい生活を送っています。ただ、逆にいえば、そのなかで少しずつでも着実に知識を蓄えて問題演習を重ねた人だけが、厳しい入試にも打ち勝つことができるといえるでしょう。

▶小論文の攻略には、日々の積み重ねが必要不可欠

テーマ 5　「出題者」ってだれだ？

重要度　★★★★★

「出題者」のことを考えよう

小論文に限らず、英語や数学などでも、問題を解くさいに「出題者」のことを考えたことはありますか？　「出題者」とは、その名のとおり、「その問題を作成してみなさんに提示する人」のことです。学校の定期テストなら「学校の先生」、大学入試なら、もちろん「大学の先生」ですよね。小論文でもこれがあてはまります。

▶小論文の「出題者」は、その大学・学部の先生方のこと

「出題者」がだれなのかはわかったけれど、それがわかってどうなるの？　と思いますよね。じつは、この「出題者」のことを考えて解答することが、「合格答案」を作るうえでの近道の1つなのです。このことを 問題 から考えてみましょう。

問題　日本が島国であるメリットとデメリットについて、薬学的ならびに医療的観点から、あなたの考えを200字程度で述べよ。

(富山大学薬学部／改題)

自分で書いてみよう

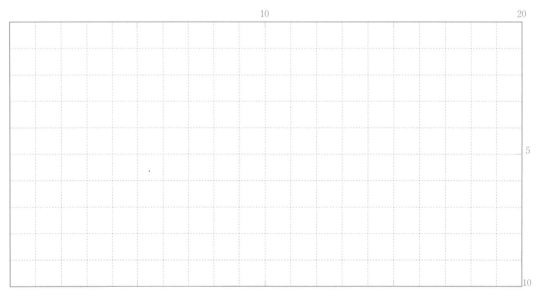

解答 日本が島国であるメリットは、医療的観点から考えると、感染症などの病気の流入リスクが内陸国よりも少ないことだ。人の往来がある程度制限され、病気が爆発的に流行することは少ない。一方、デメリットとして、薬学的観点から考えると、薬剤をある程度輸入に頼らなければならない以上、海外に依存する部分があることが挙げられる。仮に諸外国で薬剤の輸出規制がなされた場合には日本では薬剤の入手が困難になるおそれがある。

(198字)

この **解答** は、「出題者」のことを考えた答案となっています。

まず、問題文を分析すると、「日本が島国であるメリットとデメリット」について書くように求められていますよね。ですから、「なるほど、答案に書くべきことはメリットとデメリットの2つの要素なのだろう」と考えることができます。<u>出題者が書いてほしいと思っていることをくみ取る</u>のです。これは「問題に正面から答える」ということにもつながります→テーマ1。

▶出題者が聞いていることはなんなのかを、問題文から考えよう

出題者が「大学の先生」であることを意識する

小論文の問題を作成する人は、おおむね「大学の先生（教授など）」であることは先ほどお伝えしました。では、それをふまえて、私たちはどのような答案を書くべきなのでしょうか。

<u>答案は、大学で学問を学ぶ者としてふさわしいものにすることが必要</u>だと考えます。なぜなら、大学の先生方は、膨大な量の論文を読んでいる学問のプロであり、大学で何かを学びたい、と思う受験生を合格させたいと考えているはずだからです。大学の先生方が求めるような、「論理性」のある答案を書くべきです。「論理性」についてはテーマ9でくわしく扱います。

▶「出題者」＝「大学の先生方」が求める答案を書くようにしよう

また、先ほどの **解答** では、「医療的な面」と「薬学的な面」で分けて書いていましたよね。なぜこう書いたかというと、単純に、「問題文が求めていたから」です。大学の先生方が求める答案を想像して、問題文を分析し、大学の先生方が満足するような、つまり「合格答案」に達するような答案を書く必要があるのです。なお、「問題文の分析」についてはテーマ25でくわしく扱います。これまでのことをまとめると、次のようになります。

▶大学の先生方が設問で示した条件にそって、論理性のある答案を心がけよう

テーマ
6
「対話」とそのメリット

重要度 ★★★★☆

◎ 「対話」とはなんだろう？

前回「出題者」は基本的に「大学の先生方」であるとお話ししました→テーマ5。ここで考えたいのは、出題者との「対話」です。

またムズカシそうな言葉が……と思うかもしれませんが、そんなことはありませんよ。たとえば、これを読んでいるあなたも、日常生活で「何かを話す」ときには、「話す相手」が当然いますよね。一人で話していてもよいのですが、いつも一人で話すわけではないでしょう。小論文での「出題者との対話」もこれと同じことなのです。出題者との「対話」とは、問題を出した先生方のことを考えながら答案を書きましょう、ということです。

▶小論文の答案を書くときは、出題者の気持ちになって考えてみよう

出題者の気持ちになってといわれても、どうすればよいのかすぐにはわからないですよね。そこで、実際の入試問題をご用意しました。これをもとに、「出題者との対話」を考えてみましょう。

問題 ..「よき歯科医師となる前によき人間たれ」について、あなたの考えを200字程度で述べよ。
(松本歯科大学歯学部／改題)

自分で書いてみよう

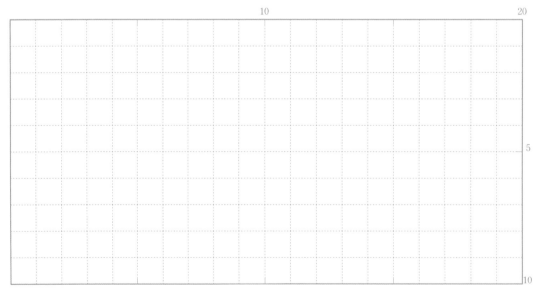

解答 よき歯科医師になるには、まずはよき人間として行動すべきだと考える。なぜなら、歯科医師は治療を求める患者とのコミュニケーションを前提とし、人間としての総合力が必要だからだ。具体的には、相手が何を欲しているのかを察する力、そのために何が必要かを考える力、そしてそれを実行する力が必要だ。このように、相手を第一に考え、必要なことを実行する力を備えた人間がよき人間であり、歯科医師に必要なことだと考える。

(198字)

この答案を作るさいには、「出題者が何を聞きたいのか?」ということを考えました。「出題者」は当然大学の歯学部の先生方ですから、歯科医師となるにふさわしい受験生に入学してほしいと考えているはずです。したがって、「よき歯科医師となる前によき人間たれ」という言葉には、「歯科医師にはどんな人間性が必要だと思いますか?」という問いが隠れていると考えられるのです。このように、出題者が求めることを的確にとらえて、答案を書いていきます。これが「出題者との対話」です。

▶出題者が書いてほしいことを察し、的確に答えていこう

「対話」することは、相手の立場になって考えるということでもある

たとえば、みなさんが友人と話をしていて、急に「あのお店おいしかったよ。映画を見に行きたいね」といわれたらどう思いますか? 「あのお店」ってどのお店だろう、「何が」おいしかったのだろう、「なぜ」突然映画の話になったのだろう……たくさんの疑問がわいてきますよね。

じつは、小論文での答案でも、同じことが起こっていて、採点者を困惑させています。答案の読み手(=採点者)の立場に立って答案を書くこと、それも「対話」の一部です。

▶「読み手がこの答案を読んでどう思うか」を意識しよう

ここまでお話ししたことをまとめていきますね。

まず、「出題者との対話」とは、問題を出した大学の先生方のことを考えて答案を書く、ということです。そして、そのためには、出題する大学や学部、問題から、出題者が聞きたいことを察知し、それに明確に答えることが必要です。

また、「この答案は他の人が読んでなんの疑問ももたない文章になっているか」ということもつねに意識して書いていきましょう。これにより、読みやすい答案が自然にできてきます。

▶「出題者との対話」は、「合格答案」の必須条件

テーマ 7 どうやって「対話」する？

重要度 ★★★★★

具体的にどうするの？

これまで、出題者との対話についてお話ししてきました。でも、具体的にどのように「対話」すればよいのかわからないこともありますよね。今回はその部分についてお話ししようと思います。出題者との対話にあたって必要なことは、「問題文の読み取り」です。

▶出題者と「対話」するには、問題文を読み取ることを考えよう

ただ、文章だけで伝えられてもわからない部分がありますよね。今回も実際の入試問題から、問題 をご用意しました。それを解くことを通じて、具体的に「出題者との対話」をどうするかを考えていきましょう。

問題 ソーシャルメディア*が人びとの生活や社会に及ぼす影響についてあなたの考えを200字程度で述べよ。

　*ソーシャルメディアとは、ブログ、ソーシャルネットワーキングサービス（SNS）、動画共有サイトなど、利用者が情報を発信し、形成していくメディアのことで、利用者同士のつながりを促進するさまざまなしかけが用意されており、互いの関係を視覚的に把握できるのが特徴である（総務省情報通信国際戦略局、2013より）。

（亀田医療大学看護学部看護学科／改題）

自分で書いてみよう

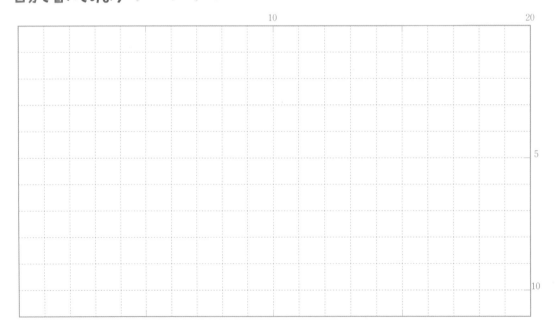

解答 ソーシャルメディアは、スマートフォンなどの浸透にともない、われわれの生活の一部になっている。身近な友人から著名人まで、さまざまな人びとの意見を知ることができるようになった点で、われわれがもつ視野も広がったといえる。また、ソーシャルメディアはそのしくみ上、広い範囲に拡散されて広まる性質をもっている。そのため、あるアイデアや考えが爆発的に多くの人の目に触れ、社会的な世論形成の一部になっていることもあると思われる。

(206字)

この **解答** で「対話」した部分は次の点です。1つは、「ソーシャルメディア」の定義について、問題についている注意書きをふまえて書いていることです。また、「人びとの生活や社会に及ぼす影響」とありますので、これは「人びとの生活への影響」と「社会に及ぼす影響」ととらえたほうがよいと判断しました。

このように、問題文から、出題者が書いてほしいことを考えて、そのレールに従って書いていくのです。

▶小論文の答案は、出題者が引いたレールに従って書いていこう

「出題者が引いたレール」に乗るにはどうするか

「出題者が引いたレール」といっても、どのように乗ればよいのかわからない、ということもありますよね。そのようなときは、まず「テーマ」を把握しましょう。

この **問題** でいえば、「ソーシャルメディア」ですよね。そして、注目すべき点は「……について」という言葉です。「……について」という言葉は、「このことについて書いてくださいね」という出題者からのメッセージなのです。今回の **問題** では、「人びとの生活や社会に及ぼす影響について」と書いてありますよね。ですから、「人びとの生活」と「社会」の両方に及ぼす影響について、答案では書く必要があるということなのです。このように、問題文の細部に注目していけば、書くべきことは自然に見つかっていきますので、心配しないでくださいね。なお、「問題文の分析」については**テーマ25**でお話ししますので、楽しみにしていてくださいね。

▶答案を書くさいの最大のヒントは、問題文にある

テーマ 8 「出題学部」も忘れずに

重要度　★★★☆☆

◎ 「出題学部」も忘れずに、ってどういうこと？

みなさんが受ける入試では、基本的に受験する「学部」の出題する問題を解いていく必要があります。そのときに、問題を出題した学部（これから「出題学部」とよびます）のことを意識しないと、「合格答案」にたどりつけないことがよくあるのです。逆にいえば、出題学部を意識した答案にするだけで、「合格答案」に近づきますよ！

▶小論文の試験では、「出題学部」を意識した答案を心がけよう

とはいっても、何をどんなふうに意識すればよいのか、いまいちピンときませんよね。ですから、今回は答案を2つ挙げますので、どちらが「出題学部」を意識した答案なのかを考えてみましょう。

問題　近年、高齢者の交通事故が多発している。その背景と対策にたいするあなたの考えを120字程度で述べよ。

（佐賀大学医学部看護学科／改題）

自分で書いてみよう

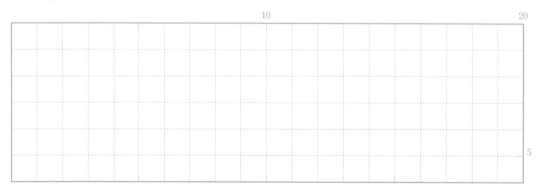

解答❶　高齢者の交通事故が多発する背景には、身体的・認知的能力が衰えているのにもかかわらず、自らの能力を過信して運転する高齢ドライバーの存在がある。対策として、行政が自動車免許の返納を促し、返納した高齢者にはサービスを拡充するなどの方策が考えられる。

(121字)

解答❷　高齢者の交通事故が多発する背景には、身体的な衰えを自覚しないまま運転する高齢者が多く存在することがある。対策として、高齢者が訪れる病院において、医療従事者が高齢者の運転能力を察知して、運転免許の返納を促すしくみの確立が求められると考える。

(119字)

よりよい答案は **解答❷** です。たしかに、**解答❶** も一見答案としては問題ないように思えますよね。しかし、**解答❶** は「行政」が主語になっています。今回の問題は「看護学科」からの出題なので、看護師をはじめとした医療従事者の観点からの答案が求められているのではないでしょうか。その点、**解答❷** は医療従事者がどのような対応をすべきかが書かれており、問題の出題意図に合った答案が書けていると考えられます。

▶出題学部を意識することで、答案の方向性が変わってくる

出題学部を意識といっても、どうすれば……

小論文の試験では、一見正しいことを書いているように思えても、出題学部や出題者の意図とちがうことを書いてしまうと、「出題者との対話」ができておらず、思うような得点にならないことも考えられます。では、出題学部を意識するにはどうするかというと、自分が受験する学部・系統の知識をどんどん蓄積するしかないのです。

看護系なら医療系の知識、人文学部系ならそれに関連する知識が必要です。まずは自分が受験する学部を明確化し、それに合わせた情報収集をしていきましょう。情報収集についてはテーマ19でくわしく扱います。

▶出題学部に合わせた答案作成には、それに合わせた知識が必要

ここまで、「出題者」とどう「対話」していくか、「対話」をするにはどのようにすればよいのかをお話ししてきました。もし忘れている部分があれば、ここまでの内容を読み返してみてくださいね。

この本に限らず、参考書は「一度読んで終わり」ではありません。自分が納得できるまで読んで、内容を吸収してはじめて意味があるのです。一見遠回りに見えるかもしれませんが、それが勉強の王道ですよ！

テーマ9 「論理的」ってなんのこと？

重要度 ★★★★★

「論理的な文章」って？

みなさんが小論文の勉強をしていると、「論理的な文章を書こう！」といわれることが多いと思います。ですが、そもそも「論理的な文章」ってどのようなものなのか、考えたことはありますか？　もっというと、「論理的」ってどういうことなのでしょうか？

▶「論理的な文章」とは、読んでいて疑問がわいてこない文章のこと

とはいっても、これだけだといまいちわからないですよね。そんなこともあろうかと、問題 を準備してみました。2つの答案を並べますので、どちらが「論理的な文章」なのか、考えてみてくださいね。

問題 異文化理解を妨げるものについてあなたの考えを120字程度で述べよ。

(獨協大学国際教養学部言語文化学科／改題)

自分で書いてみよう

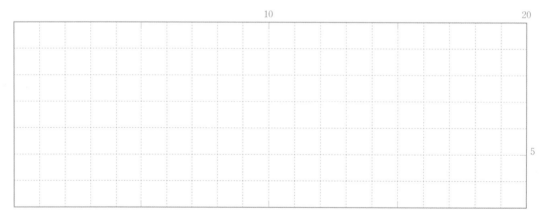

解答❶　異文化理解を妨げるものは、他の文化の人びとだ。彼らのなかには、他の文化圏の人びととわかり合うための準備ができていない人びとが多い。だから、私たちから多くの文化の人びとと触れ合い、理解するよう努めなければならない。そうすれば異文化を理解できるはずだ。

(124字)

解答❷　異文化理解を妨げるものは、想像力の欠如だ。異なる文化圏の人びとは、それぞれの考え方や生活様式をもっている。それを考慮せず、自分たちの行動様式を無理やりあてはめることにより、衝突が生まれてしまう。したがって、個々の文化のことを知ることが必要だ。

(121字)

より論理的な答案は　解答❷　です。テーマは「異文化理解を妨げるもの」ですが、解答❷　は、異なる文化圏の人びとにみずからの考え方を無理にあてはめず、逆にその人びとの文化を知ることが重要だと書いています。読んでいてとくに疑問はわかない文章ですよね。

▶読み手に疑問を起こさせないのが、大学入試の小論文での論理的な文章だ

では、「論理的」ではない文章って？

次は　解答❶　を見てみましょう。「異文化理解を妨げるものは、他の文化の人びとだ」というところから、「ほんとうにそうだろうか？」という疑問がわきます。また、その次の文の、「彼らのなかには、他の文化圏の人びととわかり合うための準備ができていない人びとが多い」というのは、偏った考え方だと思われます。読み手からすれば、「物事を一面的にしか見ていないのではないか？」と疑問がわいてしまいます。また、「だから、私たちから多くの文化の人びとと触れ合い、理解するよう努めなければならない」とありますが、「なぜそうなるのか？」という疑問ももってしまいます。理由があいまいなのです。このように、読み手に「疑問」がわいてしまうと、「論理的」とはいえません。

▶「論理的な文章」にするには、読み手が疑問なく読める文章にしよう

「論理的な文章」に直してみる

では、具体的に　解答❶　を、「論理的な文章」➡　解答❸　にしてみましょう。それを読めば、「論理的な文章」がどのようなものかがわかると思いますよ。

解答❸　異文化理解を妨げるものは、異文化を知ろうとしない態度だ。他の文化を知らなければ、どのような考え方や生活をしているかがわからず、その文化圏の人びととわかり合えない。だから、私たちは他の文化圏の人びとと触れ合う前に書物を読み、文化を理解するべきだ。

(122字)

この答案であれば、「なぜ他文化を知らないとその文化圏の人びととわかり合えないのか」がわかりますよね。また、他の文化圏の人びとと触れ合う前に書物を読むことが文化の理解につながると書いてありますので、読み手としては、たしかにそうだな、と思えるわけです。読み手のことを考えた答案にするよう心がけていきましょうね。

▶読み手を考えた文章を書くように日ごろから注意しよう

テーマ10 「論理的な文章」はこれだ

重要度　★★★★☆

「論理的な文章」を書いてみよう

前回→テーマ9で「論理的でない文章」と「論理的な文章」を比較して、「論理的な文章」とはどのようなものかを考えてみました。「論理的な文章」とは、「読んでいて疑問がわいてこない文章のこと」でしたね。今回はちょっとそれを深めて、「論理的な文章」を分析してみます。そうするなかで、どのような文章を書けばよいのかがわかってきますよ。

▶「論理的な文章」を分析すれば、自分がどう書けばよいかもわかる

ただ、文章を載せるだけだと、実感がわかないと思いますので、まずは 問題 を解いてみましょう。「疑問がわかない文章」にするように注意してみてくださいね。そのあとで、 解答 として、「論理的な文章」をご紹介します。

問題　好きなことや趣味は人それぞれちがう。この好きなことや趣味が職業とうまく結びついている人もいれば、まったく結びついていない人もいる。好きなことや趣味と職業の関係について、あなたはどのように考えるか。あなたの考えを200字程度で述べよ。

（石巻専修大学人間学部／改題）

自分で書いてみよう

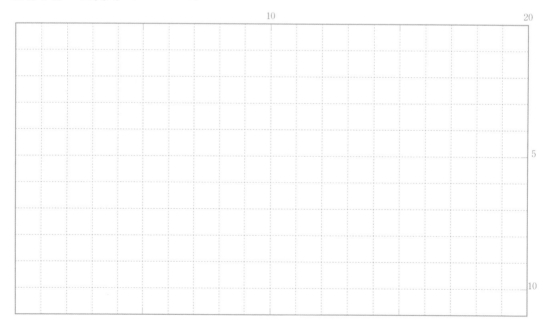

解答 　好きなことや趣味と職業は、重なる部分もあれば、重ならない部分もある。なぜなら、好きなことや趣味が職業に直接つながる場合もあれば、逆になんの関係もない場合もあるからだ。職業は他人がほしいと思っているものを提供する営みである。たとえば、手芸が趣味でも、それをだれもほしいと思わなければ、それは職業にはならないし、その逆もありえる。したがって、相手の満足を満たすならば好きなことや趣味と職業はつながると考える。

(202字)

「主張」と「その主張の理由」が必要

この **解答** は、大きく4つの部分に分かれていることにお気づきでしょうか。冒頭で、「好きなことや趣味と職業は、重なる部分もあれば、重ならない部分もある」と「自分の主張」を述べています。これにより、「何がいいたいのか」を読み手にはっきりと示せていますね。また、その次に、「なぜなら……」と「主張にたいする理由」を述べています。こうすることで、「自分の主張にははっきりとした理由がある」ことを明らかにできています。つまり、「主張」と「理由」がセットになっているということです。

▶文章を書くときには、「主張」と「理由」をセットにすることを考えよう

「主張と理由」を述べたら、そのあとで「例示」を入れるのもよい

「主張と理由」を述べると、その文章の説得力が増します。さらに、「例示」を入れることにより、その「主張」が具体的となって、より論理性のある文章になります。**解答** の「たとえば、手芸が趣味でも……」の部分が「例示」にあたります。これを入れることにより、「主張➡理由➡具体例」という順番で、読み手にとってわかりやすい文章になります。

▶文章に「具体例」を入れるのも効果的

文章は、「主張➡理由➡具体例➡結論」の流れだとわかりやすいことが多い

解答 では、最後に「したがって、相手の満足を満たすならば……」と書いてありますよね。この部分は、冒頭の「好きなことや趣味と職業は、重なる部分もあれば、重ならない部分もある」の言い換えでもあります。冒頭部分に書いたことは「自分の主張」ですから、最後の部分は「結論」であるというわけです。それを答案の最後に入れて締めくくることによって、一貫性のある文章にすることができます。答案の読み手としても、最初に「主張」があることで、いいたいことがわかり、「理由➡具体例」で納得できます。そして、「結論」でこの答案がいいたいことをしっかりと理解できるわけです。もちろん、問題によっては必ずしもこの順序が通用するわけではありませんが、覚えておくと役に立つでしょう。

テーマ 11 「論理的」に書く準備

重要度 ★★★★☆

「論理的」に書こう！

前回「論理的な文章」のタイプの一種をご紹介しました→テーマ10。今回は、小論文を書くにあたって、具体的にどのように構成すれば「論理的」になるかを考えていきましょう。まず、論理的な小論文にするには、「主張」と「理由」をセットで書いていくとよいでしょう。そのほうが、読み手に疑問がわかない文章になるからです。

▶小論文では、「主張」と「理由」をセットで書くようにしよう

それに加えて、「序論・本論・結論」の三部構成を意識してみるのがよいのではないかと思います。「序論」とは、自分の主張を先に書いたり、人によって考え方が異なる用語の意味を明らかにしたりする部分です。「本論」とは、「序論」で述べたことの理由や具体例を述べる部分です。「結論」とは、「序論」で述べた自分の考えのまとめを最後に書く部分です。では、具体的な 問題 を通じて見ていきましょう。

問題 自家用車の自動運転技術が社会や産業に与える影響について、20年後の未来を予想して自分の考えを200字程度で述べよ。

（東北学院大学工学部情報基盤工学科／改題）

自分で書いてみよう

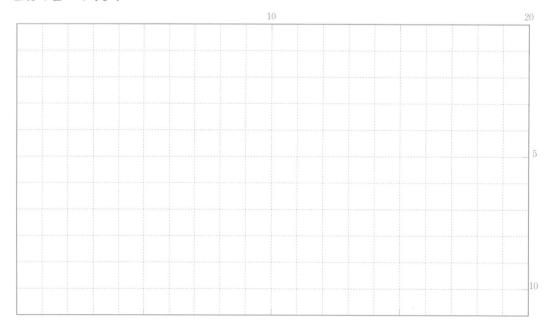

解答　自家用車の自動運転技術は、交通事故の減少、渋滞の解消、移動制約者の利便性を高めるという点で、社会や産業に好影響を及ぼす。20年後の社会は、少子高齢化が進行し、高齢者や持病があり自由に移動できない人が増えると思われる。それにともない、経済活動はより効率性を求められる。自動運転技術は、ヒューマンエラーが大半である交通事故をなくし、AIによる調整で渋滞を解消させ、今後増えるであろう移動制約者の一助となるだろう。

（204字）

この **解答** では、最初の一文が「序論」にあたります。「自動運転技術は社会や産業に好影響を及ぼす」という自分の主張を述べています。また、そのあとの「20年後の社会は……」の部分は、「本論」にあたる部分です。ここでは「序論」にたいする理由を述べています。最後の「自動運転技術は、……」の部分は、自分の主張をまとめる「結論」となっています。これにより、全体として「序論・本論・結論」の型と、「主張」と「理由」のセットを用いて、論理的な答案に仕上がっています。

▶「序論・本論・結論」の三部構成と「主張・理由」のセットを意識しよう

小論文には、「起承転結」は不向き

「起承転結」という言葉を、一度は聞いたことがあるかと思います。「何か事件が起こって、その続きがあり、急に展開が変わって、最後にオチがつく」という構成のことです。
本書では、この「起承転結」はおすすめしません。「起承転結」は、もともと昔の中国の漢詩の技法であり、現代において論理的な文章を書くには不向きだと思われるからです。

▶「小論文」では「起承転結」という型は避けたほうが無難

ここまで、話をわかりやすくするために「型」という言葉を使ってきましたが、小論文においては、この「型」に必ずあてはめないといけないというわけではないということに注意してください。みなさんが小論文の試験で求められているのは、設問に正面から、しかも論理的に答えるということだからです。1つの「型」にとらわれすぎると、逆に答案が書きづらくなります。あくまでも「序論・本論・結論」の三部構成と「主張・理由」のセットは、答案を書くときの1つの目安程度に考えてもらえたらと思います。

▶「型」にとらわれすぎず、論理的に書くことが目的だという意識が大切

テーマ 12 「アイデア」ってどう出すの?

重要度 ★★★★★

アイデアってどう出すの?

ここまで、「小論文とはどのようなものか」、「出題者との対話とは何か」、「論理的とはどういうことか」をお話ししてきました。少しずつ、「小論文」のことが具体的にイメージできてきたでしょうか。

ただ、実際に答案を書く段階になって、困ってしまう人が多いのが、「アイデアがわいてこない」という問題です。小論文では、問いにたいして適切な内容がもり込めるかがカギとなるので、アイデアは重要です。

▶「アイデア」がないと、小論文は成立しない

「アイデア」とは、たとえば「ネタ」や「材料」とよばれることもありますが、ここでは、「小論文の設問に答えるにあたって必要不可欠な、自分自身の考えのもとになるもの」と定義します。とはいっても具体的に見ないとピンとこない部分があると思いますので、実際の 問題 にあたってみましょう。

問題 「よき大学生」とは、どのような人のことを指すか。自分のあるべき姿を交えて200字程度で述べよ。

(愛知学院大学商学部商学科／改題)

自分で書いてみよう

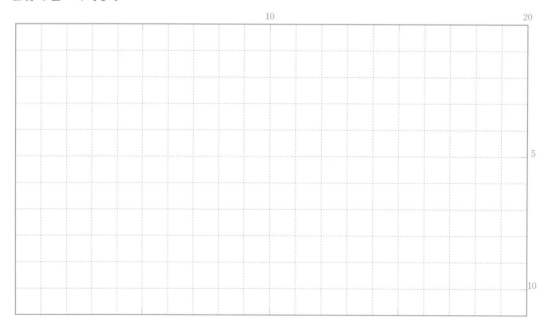

解答 「よき大学生」とは、学問を中心に、先生方や友人と良好な関係を築く大学生だ。大学とは、自分が学びたいことを学ぶために通うものだ。大学に行くという選択をするのだから、関心がある分野を探求するのが学生の本分だ。また、大学生活は多くの人びとと触れ合う機会のはずだ。さまざまな人びとと交流することは、学問の研究に役立ち、その後の人生にも有益だ。そのなかで、多くのことを学ぶことができる。これが「よき大学生」だと考える。

(204字)

解答 には、どのような「アイデア」が含まれていると思いますか？
まずは「学問が中心だ」ということです。また、「周囲と良好な関係を築く」ということもアイデアの1つです。この2つのアイデアを冒頭に書くことにより、そのあとはそれらにそって、論をふくらませていけばよいわけです。ですから、アイデアは、小論文の内容を充実したものにするために必要不可欠なものなのです。

▶アイデアがあることにより、小論文はずっと書きやすくなる

「アイデア」を出すためには、いくつかの方法がある

アイデアは重要だということはわかったけれど、それを「どのように思いつけばよいか」が気になるところだと思います。小論文でアイデアを出すための方法は多くあり、どれも入試本番で役に立つものです。これからアイデアがわいてくるテクニックをご紹介していくので、楽しみにしていてくださいね。

▶アイデアを出す方法はすぐに身につけることができる

そして、ここで注意です。受験生の中には、「アイデアは頭の中から自然とわいてくるもの」だと考える人がいます。もちろん、なかにはそのような人もいるとは思いますが、アイデアを出す手段を知らずに入試に臨むのはとても危険です。いうなれば、魚の釣り方を知らずに釣り竿だけをもって海へ行こうとするようなものです。入試本番で合格点をとるためには、適切な方法を知らないといけないと思います。さまざまなやり方で知識を自分の頭の中にインプットし、そこから「アイデア」として問題に適する形で出せることが重要なのです。

▶具体的な方法を知っているからこそアイデアが浮かんでくる

テーマ
13 キーワードから連想する

重要度 ★★★★☆

アイデアはどうすれば出てくるか

小論文ではアイデアをもとにして、論理的に書いていくことが求められます。ということは、「アイデア」自体が出てこなかったら、答案づくりにかなり苦労してしまいそうですよね。第4節では、アイデアを出すことに焦点を当てて、いっしょに考えていきたいと思います。アイデアを出すのにも、いくつかの方法があるのです。

▶アイデアは、適切な方法を知っていれば、生み出すことができる

では、どのようにすればアイデアが思いつくのか、具体的にご説明していきますね。まずは、次の 問題 を題材にして、自分の力で書いてみてください。ここでめんどうがって書かなかったらダメですよ。実際に書かないと、自分の実力もわかりませんからね！

問題 「少子高齢化」という言葉を用いて、日本の社会保障制度の抱える問題について200字程度で述べよ。

（獨協大学経済学部／改題）

自分で書いてみよう

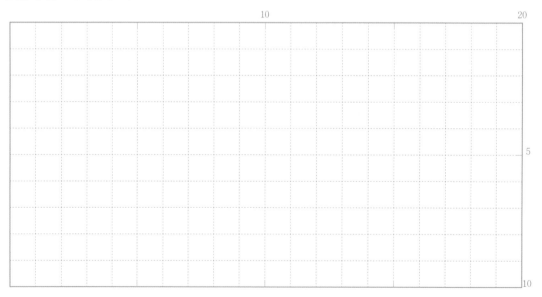

解答　社会保障制度は、国民の生活安定・向上機能、所得再分配機能、経済安定機能をもったものだ。日本の社会保障制度の問題点は、少子高齢化により、所得再分配機能が機能しなくなっていることだ。現役世代が、高齢者の年金を賄うというシステムになっているが、高齢者の人口が増加する一方、現役世代の人口は減少している。これにより、現役世代が十分に負担をすることができなくなり、社会保障制度自体が成立しなくなる。

(194字)

この **問題** でのキーワードは、「少子高齢化」と「社会保障制度」です。

まず、少子高齢化とは、人口に占める高齢者の割合が増加する「高齢化」と、出生率の低下により若年者人口が減少する「少子化」が同時に進行することです。

また、社会保障制度は、年金、医療、介護が主要な三本柱です。これらの制度の最も効率的な組合せを行ない、重複給付の是正や機能分担の見直しを進め、公平で、総合的に見て老後の生活の基本的な保障が確保される制度設計が求められています。

そして、ここでお話ししたことをそのまま暗記するのではなく、イメージとしてとらえることが重要です。

▶問題のキーワードについての的確な理解が必要

キーワードを理解したうえで、そこから考えていく

少子高齢化が、「高齢化」と「少子化」の組合せであり、社会保障が年金、医療、介護で構成されるものであるなら、何が「課題」として浮かび上がってくるでしょうか。そう、年金制度を現役世代が負担しきれなくなるという課題があるはずなのです。なぜなら、年金制度は、現役世代が高齢者の年金を負担するというしくみになっているからです。キーワードを的確に理解し、それを組み合わせて考えることが、合格答案を書くうえで重要なことなのです。

▶キーワードを理解したうえで、そこから発展させて考えよう

では、どうすればキーワードにかんする知識を得ることができるか、そして、それらをどのように組み合わせていけばよいのかが気になりますよね。これについては、テーマ19とテーマ20で扱います。これからだんだんと答案の書き方がわかってきますよ。

テーマ 14

テーマと反対のコトを考える

重要度 ★★★★☆

◎ テーマと反対のコトを考えてみると、アイデアが出てくることがある

前回テーマ13では、「キーワードから連想する」方法を学びました。今回は、ちがったやり方でアイデアを出す訓練をしてみましょう。

ちがったやり方というのは、「テーマと反対のコトを考える」ということです。たとえば、問題が「Aを●●することについて書きなさい」であれば、「Aを●●しなかった場合」のことを考えてみるということです。

▶ テーマと反対のコトを考えると、答案を書く手がかりがつかめる

でも、具体的な問題にあたらないと、実感がわかないですよね。というわけで、実際に出題された 問題 をご紹介します。「よい勉強法」を考える問題です。ヒントとして、「よい勉強法」の反対、つまり「よくない勉強法」を考えてみるとよいですよ。

問題 「よい勉強法」とは、どのようなものだと思うか。あなたの考えと、その根拠について200字程度で述べよ。

(奈良教育大学教育学部心理学科／改題)

自分で書いてみよう

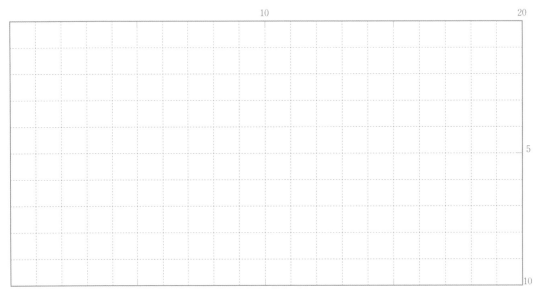

解答 「よい勉強法」とは、知識とそのつながりを勉強することだ。知識だけでは実際に活用できないし、知識がない状態では、考えることもできない。たとえば、歴史の勉強では、事実を暗記することが必要だ。しかし、つながりを理解することも求められる。こういった勉強をすれば、知識を前提として考える力が身につき、実践的な能力を手に入れることができる。それがこれからの社会で必要とされる力でもあるはずだ。

(190字)

この答案を書くときに考えたのは、「よくない勉強法」はどのようなものか、ということです。よくない勉強法としては、たとえば、1つの本に集中せずにいろんな本に手を出し、どれも中途半端に終わってしまうとか、自分で考えることなく機械的に覚えるだけとか、いろいろなものが考えられます。その中から、今回の **問題** では、教育学部からの出題であることに着目し、将来にわたって役に立つ勉強法を考えてみました。そして、知識の暗記だけではいけない、というところから、知識をつないでいくのがよい勉強法だと考えていったわけです。

▶テーマと反対のコトをいくつも考えて、問題に適したものを選びだそう

逆のコトを考えることは、ちがった面から物事を見ることにつながる

今回はアイデアの発想法として「テーマと反対のコトを考える」ということを提案しました。でも、この考え方は、アイデアを出すだけにとどまりません。1つのテーマについて、一面的で偏った見方をすることなく、多面的に考えることを可能とするのです。これは大学に入っても役に立つ考え方ですよ。

▶逆のコトを考えれば、物事を多面的に考える力になる

今回は、**問題** のテーマについて逆のコトを考える練習をしました。
先ほど、「自分で書いてみよう」で自分の力で書いてもらったと思いますが、できれば、もう一度チャレンジしてみてください。学んだことをいかして再度書いてみることで、学習した知識が生きたものになってきますよ。書いて一度きりで終わらせないこと、それも小論文を上達させるための大事な「勉強法」です。

テーマ 15 現代での例を挙げてみる

重要度 ★★★★☆

現代での例からアイデアは出てくる

前回は、「テーマと反対のコトを考える」というアイデア発想法を見てきました→テーマ14。今回は、「現代での例を挙げてみる」という発想法を扱います。これはどのようなものかというと、与えられたテーマについて、現代社会にあるものを題材に考えていくということです。たとえば、「人間とは何か」というテーマにたいして、現代ではAI（人工知能）があることから、それとの対比で考えていくようなものです。

▶現代社会にあるものからアイデアを出すことができる

この「現代での例を挙げてみる」という観点から、1つ 問題. を解いてみましょう。「読書」にかんする出題ですが、「現代社会」において、「読書」を取り巻くものには何があるかを考えながら解いてみてくださいね。

問題.. 現代社会における「読書」の意義についてあなたの考えを200字程度で述べよ。

（天理大学人間学部人間関係学科生涯教育専攻／改題）

自分で書いてみよう

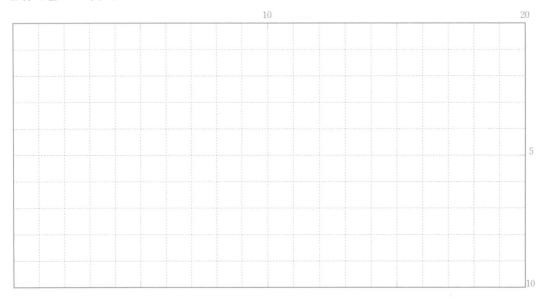

解答 読書の意義には、先人たちが蓄積した知恵を吸収し、社会を乗り切るためのヒントを得ることが挙げられる。読書以外にも、さまざまな手段で情報を得ることができる。しかし、読書によって得られる知識はつながりをもって受け継がれてきたものだ。この知識は、答えのない世界でも役に立つものだ。それが過去や現在とのつながりをもつものだからだ。そのため、先人の知恵を読書によって得ることは、社会を生き抜くうえで不可欠だ。

(198字)

今回の答案では、現代社会において「読書」と対比されるものをまず考えてみました。「読書」、つまり本を読むことと対比されるのは、現代社会ではテレビやインターネットでしょう。それらを思いついたあとに、「読書」と、「テレビやインターネットを見ること」とのちがいには何があるかを考えてみるわけです。そうすると、「読書」で得られる知識は断片的ではなく、これまでさまざまな人びとが蓄積したものだと思いつきます。それを答案として書いてみました。

▶「現代の例との対比」を考えることでアイデアは思いつくことができる

現代社会にあるものを考えることは、難しそうなテーマに応用可能

ここで紹介した「現代社会にあるもの」では、自分の身近にあるものを考えてもらえばだいじょうぶです。読んだことのないような難しい本にしか書いていないことを書く必要はありません。あくまで、自分が経験したこと、見てきたことのなかで、テーマとつながることを挙げていけば、答案としてぴったりあてはまるものが出てくるはずです。この発想法を用いることにより、小論文の問題にたいして身がまえることなく答案を書くことができるようになりますよ。

▶難しく考えず、身近なアイデアをとにかく思いつくままに出していこう

小論文の試験で答案を書くときに大事なことは、まずはなんでもよいのでアイデアを出し続けることです。それが直接答案を作るキーワードにならなくてもかまいません。どんどん思いつくままに書きだしていくなかで、「このアイデアは使えるかも」というときがきます。

ですから、頭の中でウンウン考えるのではなく、とにかく書きだすということが重要だということも覚えておいてくださいね。これについてはテーマ24で扱います。

テーマ 16 時間や空間の軸で考えてみる

重要度 ★★★★☆

時間や空間の軸とは

日ごろ私たちは、「時間」や「空間」というもののなかで生活しています。

たとえば、「きのうは何をしていた？」と聞かれれば、「きのうは学校が終わってから友達といっしょにレストランでハンバーガーを食べた」などと答えると思います。このときの「学校が終わってから」が「時間」であり、「レストラン」が「空間」です。

そんなの当たり前、と思うかもしれませんが、アイデアを出すさいの手がかりになります。テーマについて、「現在」だけにとらわれるのではなく、「過去」や「未来」のことを考えてみることや、「他の場所や国ではどうだろう」と考えてみることで、思考の幅が広がります。そのことを、実際の 問題 を通して考えてみましょう。必ず自分の頭で考えて答案を書いてから解説を読んでくださいね。

▶時間や空間を意識すると、アイデアが浮かんでくることがある

問題 国際ビジネスにかかわる人材に求められる資質、能力、適性とは何か。外国語運用能力以外について1つ挙げ、理由とともに200字程度で述べよ。

(神田外語大学外国語学部国際コミュニケーション学科・国際ビジネスキャリア専攻／改題)

自分で書いてみよう

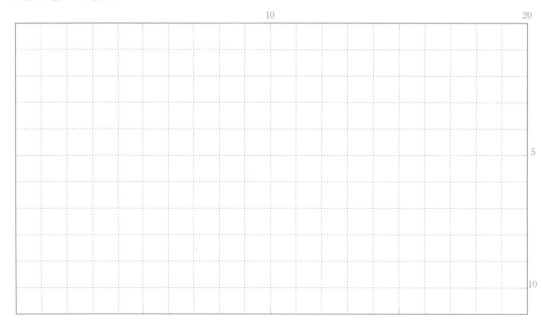

解答　　国際ビジネスにかかわる人材に求められるのは柔軟性だ。多様な文化や慣習を有する人びととわたり合う必要があるからだ。日本人であれば、生まれ育った社会がおおむね同じである。しかし、さまざまな国の人びととビジネスをしていくには多様なバックグラウンドをもつ人びとと協働していくことが求められる。そのため、日本の社会とは異なる状況に置かれることもある。それにいかに対応できるかが、ビジネスの成否を左右する。だからこそ、柔軟性が重要だ。

(211字)

今回の 問題 では、「国際ビジネスにかかわる人材に求められること」が問われていました。

これに答えるには、日本以外の国ぐにを想像する必要があります。日本以外では、どのようなビジネスの慣習があるのだろうか、といったことや、そもそもそれらの文化で生まれ育った人びとと付き合うには何が必要だろうか、といったことを考えていくことが重要です。つまり、今回は「空間」について、視野を広げて考えてみたわけです。これは「時間」についても同様のことがいえます。

▶時間や空間に思いを巡らせると、ちがった発想が出てくる

◯ 「時間」の軸を変えるときには

今回の 問題 では「空間」について考えましたが、「時間」のことも考えてみましょう。たとえば、国際ビジネスを行なうにあたって、「過去」と「現在」では、何かちがったことがあるでしょうか。想像をしてみるといくつか思いつくこともあると思います。

「現在」は「過去」と比べて情報化社会になっています。また、産業構造は、形のないものを扱うことが多くなったことも想像できるでしょう。そうなってくると、過去と比べて現在では、生きている社会の構造がちがっているため、それを正しく認識する情報収集能力が必要、ということもいえるかもしれません。このように、「時間」の軸を考えてみても、アイデアが浮かんでくることが多いのです。

▶「時間」の軸、「空間」の軸に注目して考えてみよう

ぼくは、時間の軸を「タテの軸」、空間の軸を「ヨコの軸」とよぶこともあります。同じ場所であっても、時間をさかのぼってみればちがう世界が見えることもありますよね。また、同じ時間を考えても、他の場所ではどうなっているのかということを想像すると、見えるものが変わってきます。このように、「軸」を意識すると思いつくことが増えてきます。

「そもそも」という視点から考えてみる

重要度 ★★★★☆

「そもそも」コレはどういうことだろう？

みなさん、「そもそも」という言葉は聞いたことがありますよね。「そもそも、なぜ自分は勉強をしないといけないのだろう？」といった、物事を根本的に考え直すときに使う言葉です。小論文の問題を解くときにも、こういった「そもそも」という考え方を用いることで、よいアイデアが浮かんでくることがありますよ。

▶「そもそも」という発想法で、アイデアを生み出す

「そもそも」という発想法では、まず問題のテーマを見つけてから、それについて考えることになります。つまり、中心となるものを発見し、それについて根本的に考え直すということです。では、具体的な 問題 で考えてみましょう。

 スポーツにおける勝敗の意義について、あなたの考えを200字程度で述べよ。

（天理大学体育学部体育学科／改題）

自分で書いてみよう

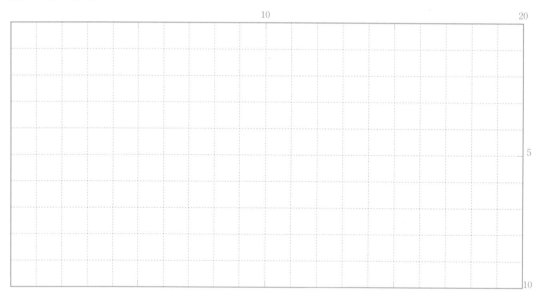

解答 スポーツにおける勝敗の意義は、練習の成果を明確化することだ。そもそも、スポーツにおいて勝敗がつくのは、対戦者のあいだに差があるからだ。能力や技術の差があることが明確となったとき、勝った者には、練習が正しかったという確信をもたらす。一方、負けた者には、練習の方法が間違っていたことを示す。これはスポーツとの向き合い方を考えさせる。このように、スポーツにおける勝敗の意義は、考える機会を与えることにある。

(200字)

この **解答** では、「スポーツにおける勝敗の意義」を答えるにあたって、「そもそもなぜスポーツに勝敗がつくのか」という観点から考えることから始めています。いきなり「スポーツにおける勝敗の意義」から考えだすと、難しく考えてしまいがちですよね。でも、「なぜスポーツに勝敗がつくのか」から考えれば、少し簡単になります。スポーツに勝敗がつくのは、対戦する者に能力の差があるからです。そして、勝敗をつけることはその能力の差をはっきりさせることです。ですから、そこからどのような効果が出てくるかを書いていけば、「スポーツにおける勝敗の意義」の答えが出てくるはずです。

▶問題のテーマを根本的に見直して、そこから考えを発展させよう

「そもそも」という発想法は応用できる

「そもそも」という視点で問題を考えることはおわかりいただけたと思いますが、今度はその応用を考えてみましょう。

Aという物事について考えるとしましょう。そうすると、たとえば、「そもそもなぜAは存在するのか」ということや、「そもそもAとはどういうものなのか」ということ、また、「そもそもAはどういった場合に存在するのか」ということなどを考えることができます。

▶「そもそも」という発想法は、応用すれば効果が大きくなる

物事を根本的な部分から考えるということは、大学で学問を学ぶときにも役に立つ考え方です。

小論文も含めた大学入試は、大学に入るためのものですよね。ですから、「小論文」という科目を勉強することを通じて、大学で学ぶための足腰を鍛えてほしいと思っています。

アイデアは知識から生まれる

テーマ18

重要度 ★★★★★

アイデアの源は「知識」にあり

これまで、「アイデア」をどのように出していくか、という発想法についてお話しをしてきました。もちろん、こういった「発想法」は大事なのですが、それの土台となるものがあります。それは「知識」です。たとえば、英語の問題を解くときにも、「単語」や「文法」の知識がゼロだったら、問題の答えが出てくるはずがないですよね。小論文でも同じことがいえます。

▶「小論文」で大事なのは、まずは「知識」である

知識がどれほど重要か、ということについて、実際の問題を通じて体感してもらおうと思います。次の「SNS」についての 問題 を、まずは自分の力だけで解いてみてください。

問題 SNS（Social Networking Service）の功罪についてあなたの考えを200字程度で述べよ。

(獨協大学国際教養学部言語文化学科／改題)

自分で書いてみよう

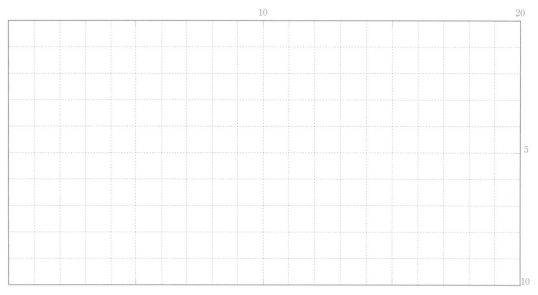

解答 SNSにより利用者の密接なコミュニケーションが可能になる。どこからでもアクセスできるため、利便性が高い。一方で、SNS上のアカウントの不正利用や、詐欺被害やウイルス感染の被害などにさらされることがある。プライバシーの観点からも、自身の情報が予期せぬ形で拡散されるおそれもある。このように、SNSには、利用者間の交流ができるという利点があるが、その一方で犯罪やプライバシーの侵害にあう部分もある。

(191字)

この問題では、「**SNSの功罪**」ということがテーマになっていますが、そもそも「SNS」を知らなければ答えることができません。SNSとは、「登録された利用者同士が交流できるWebサイトの会員制サービス」（総務省ホームページより）のことです。高校生のみなさんであれば、いくつかのSNSは具体的に思いつくと思いますが、個々の具体例ではなく、社会的な用語としてのSNSの概念を知っておく必要があるのです。

▶小論文の答案を書くには、抽象的な概念について説明できることが不可欠

概念を説明できるようになったら、その意義やデメリットも考えよう

解答 にあるように、「SNS」にはメリットとデメリットがあります。
社会に実際に存在するものには、よい面と悪い面があるものです。解答を書くにあたっては、その両面を書いていくことによって、多面的に物事を考えることができるというアピールをすることができます。そのため、社会問題などはメリットとデメリットを含めて知識としてもっておく必要があるのです。

▶社会にあるものについて、メリットとデメリットを知っておこう

このように、小論文の解答を書くためには、テーマにかんする知識が基礎になければなりません。そのため、入試に備えて、知識を仕込んでおく必要があるのです。
とはいっても、小論文はテーマが多くあり、途方に暮れてしまうかもしれません。ですが、適切な方法をとれば、小論文の解答を書くにあたって必要な知識は比較的短期間で得ることができます。テーマ19でそれを説明していきますね。

テーマ 19 知識はどう身につけるのか

重要度 ★★★☆☆

「知識」の身につけ方

前回、小論文を書くには知識が重要であることをご説明しました。では、その「知識」を「どうやって」身につけていけばよいのかが気になりますよね。ここでは、「知識を得る方法」をご説明していきますね。結論からいえば、次の3つの手段を用いて知識を得ていくことになります。

- 知識を得る方法 1 = 学校で用いる教科書・資料集で調べる
- 知識を得る方法 2 = 志望大学の出題傾向に合わせて関連図書を読む
- 知識を得る方法 3 = インターネットで検索する

これらの方法により、小論文の試験にかんする知識は十分に得ることができます。まずは、実際の 問題 にあたって、具体的にどのように調べればよいかを考えていきましょう。今回は、先ほどご紹介した「教科書・資料集」「関連図書」「インターネット上の情報」をもとに書いてもらってもけっこうです。

問題 歯科と医科との関連について200字程度で述べよ。 （愛知学院大学歯学部／改題）

自分で書いてみよう

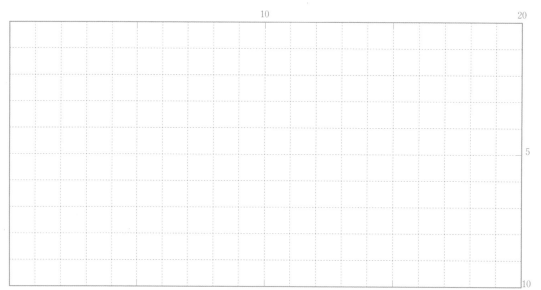

解答 　医科と歯科とは、密接不可分な関係にある。医科の病気が歯科の領域に発症することもあるし、その逆の事態もあるからだ。医科に属する病気の例としてがんがあるが、この病気は発生する部位を選ぶことはない。歯科に属する口腔内に発生することも十分に考えられる。また、口腔内の不衛生が原因となって、口腔内の雑菌が体内に入り込んで病気を引き起こす可能性も出てくる。このように、医科と歯科は相互に関連すると考える。

（196字）

「医科」とはたとえば「内科」や「外科」などのことであり、「歯科」とはいわゆる「歯科医師の領域」のことです。この2つの関係を考えたことはあまりないかもしれませんね。しかし、今回は歯学部の出題ですから、こういったことはよく聞かれます。

そして、このような出題の場合に使えるのは、 知識を得る方法3 の「インターネットで検索する」です。なぜなら、「歯科と医科との関係」は学校の教科書や資料集に掲載されていることはあまりなく、かといって関連図書を読むにも探すのに苦労してしまうからです。このように、問題に応じて知識を得る方法を選択することが重要です。

▶問題演習をするさいに、適切な「知識を得る方法」を選ぶようにしよう

◯ インターネットで検索する場合は「信頼できる組織や機関」だけにしよう

インターネットで調べることはたしかに手軽で便利ですね。しかし、インターネット上にある情報には、証拠もなく書いてあるものや、だれが書いたのかがわからないものもあり、こういった情報をそのまま信じるわけにはいきません。そのため、公的機関や大学などのWebサイトに絞って検索をするようにしましょう。

▶検索するのは、公的機関や大学の発表している情報のみにする

でも、インターネットで検索すると、数多くの情報が出てきて、選ぶのがたいへんになりますよね。ここで、公的機関や大学のWebサイトのみを検索する方法をご紹介します。方法はとても簡単で、自分の調べたい言葉を検索窓に入力し、スペースを空けて、次のように入力します。公的機関（とくに政府関連機関）であれば「●●.go」、大学であれば「●●.ac」と検索すればよいのです。「.go」は政府関連機関のサイトにしか与えられないもので、「.ac」は同様に大学にしか与えられないものです。こういったテクニックも駆使して情報を収集してみてください。

テーマ 20 「広く浅く」が何より大事

重要度 ★★★★☆

大学入試の「小論文」に、深い知識は必要ない

これまで、「アイデアを出そう」ということで発想法をお伝えしてきました。
その発想法からぼくが書いてみた 解答 に、「専門知識」が必要なものはないことにお気づきでしょうか。

「専門知識」というのは、大学で学ぶような知識のことです。そもそも大学入試の「小論文」の試験は、高校卒業程度の知識や技能を問うものですから、大学の学部レベルの専門的な知識は必要とされないはずです。したがって、どれだけ「広く浅く」、つまり幅広い分野の知識を多くもっているかが重要になってきます。

▶専門的な知識より、幅広く多様な知識を手に入れよう

今回取り組む 問題 も、多彩な分野にかんする知識が問われるものです。これまでにご紹介してきたアイデアの発想法も試してみながら答案を書いてみてくださいね。

問題 . 日常生活と地球規模の環境問題について200字程度で述べよ。

（酪農学園大学農食環境学群環境共生学類／改題）

自分で書いてみよう

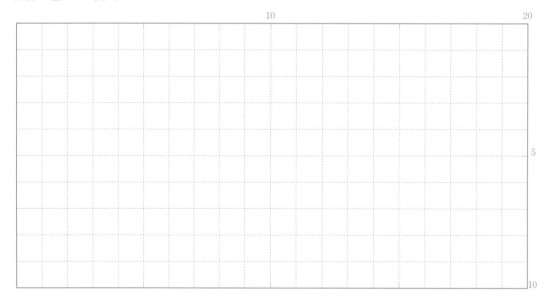

解答 日常生活は地球規模の環境問題と密接につながる。しかし、私たちは、地球規模の環境問題について無関心でいるのではないだろうか。その意識は、環境に甚大な影響を及ぼす。地球温暖化でも、温室効果ガスの排出量が増えるほど地球の平均気温が上がることは明らかになってきている。もちろん国際的なレベルでの対策も必要だ。しかし、日常生活において、私たちが行なう行動がどのような影響を環境に及ぼすかを認識することも必要だ。

(200字)

 この **解答** でも、別に「専門的な知識」は何も記されていません。日常生活が地球環境問題とつながりをもっていることを主張し、それの理由づけを淡々と書いているだけです。それでも、<u>答案の流れが論理的であれば</u>、大学入試の「小論文」の試験においては<u>評価されやすい</u>と思われます。

▶基礎的な知識をもとに問題への答えを論理的に書くことが重要

◎ 専門的な知識はいらないのか

 ここまでは、「基本的な知識で問題ない」とお伝えしてきましたが、では「専門的な知識は必要ないのか」といわれると、必ずしもそうではありません。

もちろん、採点者をうならせるような専門的な知識があれば、それに越したことはありません。しかし、みなさんの時間は限られています。小論文だけ勉強していればよいわけではないはずです。また、<u>専門的な知識は大学に入ってから学ぶことが想定されているので、絶対に必要とはいえない</u>と考えています。

▶まずは基礎的で幅広い知識の獲得を目指そう

 このように、大学入試の「小論文」の試験においては、深い専門的な知識よりも、高校卒業レベルの基礎的で幅広い知識が求められることがおわかりいただけたかと思います。

こういった知識は、何も小論文の参考書だけなく、学校で学ぶ「世界史」や「日本史」「地理」、また「倫理」や「政治・経済」で得ることが可能です。<u>日々の積み重ねが、小論文を書くときの糧になる</u>ことを覚えておいてもらえればと思います。

テーマ 21 「構成メモ」ってなんのこと？

重要度 ★★★★★

「構成メモ」とは？

いきなり「構成メモ」というタイトルではじまりましたが、みなさんには「構成メモ」という言葉自体が聞き慣れないものですよね。

「構成メモ」とは、ひと言でいうと、「小論文の答案を書くときの設計図」のことです。家やビルを建てるときには、設計図が必要ですよね。小論文でも同じことがいえます。「構成メモ」という設計図を書いてから答案を書き始めたほうが、結果的にうまくいくのです。

▶「小論文」の答案を書く前に、「構成メモ」を書くことが大事

でも、具体的に「構成メモ」がどのようなものかがわからないと、書きようがありませんよね。まずは、次の 問題 を解いてみてください。そのあとで、「構成メモ」についてご説明していきますね。

問題 現在、日本では20歳以上になると大人や成人とよばれることが多い。ところで、高校生のみなさんは「大人」だろうか、「大人」ではないだろうか、「大人」になるには何が必要だろうか。あなたの考えを200字程度で述べよ。 （川村学園女子大学文学部心理学科／改題）

自分で書いてみよう

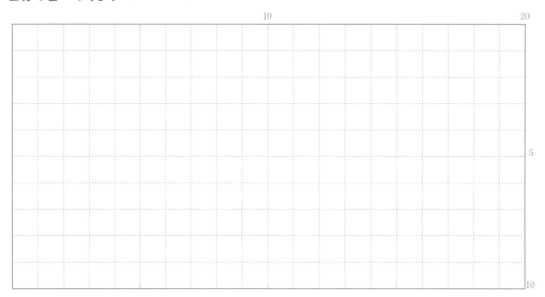

解答 高校生は「大人」ではない。「大人」は責任を負える者で、高校生が責任を負うことは難しいからだ。大人には一定の権利と義務が発生するのが当然と考えられることが通常だ。一方、高校生は、一般的には保護者が責任を負う。「大人」になるには、言葉や行動に責任を負う姿勢が必要だ。発言は妥当か、行動の結果に責任を負えるかを考えるということだ。もちろん、大人と比べれば範囲は狭いが、それが「大人」への第一歩だ。 (195字)

解答 のような答案をいきなり書くのは至難の業です。頭の中で考えるだけでは、アイデアはあっても、なかなか答案の構成にまで手が回りません。そこで登場するのが、「構成メモ」です。

◎「構成メモ」の実例

これから「構成メモ」の実例を示しますね。具体的にどう作っていくかということは、このあとの**テーマ23**でご紹介していきます。まずは、最終的にこういった「構成メモ」を作ればいい、ということを把握してもらえればと思います。

今、日本では20歳以上になると大人や成人とよばれることが多い。ところで、高校生のみなさんは「大人」だろうか、／「大人」ではないだろうか、／「大人」になるには何が必要だろうか。／あなたの考えを200字程度で述べよ。

「大人」とは		高校生
自分の力で生活できる　権利と義務がある		自力で生活困難　権利と義務に制限
自分がしたことに責任がとれる		自分がしたことに責任がとれない

高校生は 「大人」 ではない —— 「大人」になるには「責任」をとることが必要

- 高校生は「大人」ではない（主張）
  《なぜなら》高校生は「大人」とはちがって「責任」をとれないから
- 「大人」になるのに必要なこと
  →自分の言動に「責任」をとる姿勢
- 《たとえば》その発言は妥当か、行動の結果に責任を負えるかを考える

いきなりこれを書かないといけない、というわけではありませんよ。これから順を追って「構成メモ」の書き方をご紹介するので、楽しみにしていてくださいね。

テーマ
22
「いきなり書く」はダメ

重要度 ★★★★☆

思いつくままに書いたらアウト

みなさん、小論文の答案を書くときに、頭の中でウーン……と考えて、そのままエイッといきなり答案を書いていませんか？　じつは、そういったやり方で答案を書くと、途中で論の展開がおかしくなったり、書くことがなくなったりして、困ったことになります。答案は頭の中だけで考えてしまうと、痛い目を見てしまいますよ。

▶答案を書くときは、頭の中だけで考えてはダメ！

ではどうすればよいのかというと、「構成メモ」を書いて、自分の考えを整理すればよいのです。そうすれば、内容として過不足のない答案を書くことができます。「思いつくままに書いた答案」と「構成メモを書いた答案」を比べて考えましょう。

問題..　小学校における英語教育の義務化についてあなたの考えを200字程度で述べよ。
（神田外語大学外国語学部イベロアメリカ言語学科ブラジル・ポルトガル語専攻／改題）

自分で書いてみよう

あなたの構成メモ

解答❶ 　小学校で英語教育を義務化すれば、小学生のうちから英語に親しむことができるため、推進していくべきだ。中学校と高校で英語を学ぶだけでは、英語を使えるようにならないという人もいる。だから、小学校の段階で英語教育を義務化し、英語を受け入れることができるようにしなければならない。グローバル化は現代においてすでに進行しているのだから、それに合わせて教育内容も変えていくのが当然であると考える。　　　(191字)

解答❷ 　小学校での英語教育の義務化は、基本的に推進していくべきだ。ただ、他の教科への影響や教師の負担などを考えて慎重に行なう必要がある。なぜなら、一口に英語を義務教育化するといっても、国語や算数などの他の教科との兼ね合いをどうするかということも考えなければならないし、そもそも英語の教え方を学んでいない教師への配慮も欠かせないからだ。したがって、他の要素への影響を慎重に見極めた英語のカリキュラム編成が重要だ。　　　(201字)

この2つの答案を見て、みなさんはどちらが「合格答案」としてふさわしいと考えますか？　ぼくは **解答❷** が合格答案に近いと考えます。たんに「英語教育を推進すべきだ」という主張をくり返すだけではなく、「英語を義務教育化」した場合の問題点までを含んでおり、多面的な考え方が示されているからです。そして、**解答❷** が、構成メモを用いて書いた答案だったのです。

▶「構成メモ」を用いることで、多面的で整理された答案を作ることができる

頭の中で考えるだけではなぜいけないのか

では、**解答❶** はなぜよくないのでしょうか。それは、たんに「英語を義務教育化すべきだ」という主張だけがくり返され、それに付随するはずの課題が抜けてしまっているからです。また、最後に「グローバル化」という言葉が出てきていますが、それも唐突感があって、マイナスポイントです。このように、「構成メモ」を書かずに思いつくままに答案を書き始めてしまうと、論理がうまくいかなかったり、変な終わり方をしてしまったりするのです。

▶思いつきで書く答案は途中で筋道がおかしくなることが多い

ではその「構成メモ」はどのような点で役に立つのかが気になるかもしれませんね。次のテーマ23では、「構成メモ」が答案を書くうえでどう役に立つのか、ということをご紹介していきます。また、その具体的な作り方はテーマ24以降でご説明するので、楽しみにしていてくださいね。

テーマ 23 「構成メモ」の重要性

重要度 ★★★★★

「構成メモ」はどう役に立つ？

ここまでで、「構成メモ」が大事、というお話しをしましたが、具体的にどう役に立つのかが気になる方もいるかと思います。

基本的に、「構成メモ」は、❶「問題文の分析」、❷「分析結果から図をかくこと」、❸「図から箇条書きを作ること」、❹「箇条書きからの答案の整理」で成り立っています。これらを通じて、「合格答案」を書くことが可能になると考えています。このことを、具体的な 問題 を通じて見ていきましょう。

▶「構成メモ」は「合格答案」に直結する

問題 「科学的に実証すること」は、私たちの生活にどのような意義があると思うか。具体例を挙げて、あなたの考えを200字程度で述べよ。具体例については、そのことを科学的に実証する方法についても含めて述べること。

(県立広島大学保健福祉学部／改題)

自分で書いてみよう

あなたの構成メモ

解答 科学的に実証することは、裏づけのある選択を可能にする意義がある。たとえば、アルコールは殺菌をするのに役立つということが実証されているため、私たちはアルコールを用いて衛生面の安全性を保てる。アルコール消毒が殺菌に役立つと実証するには、さまざまな細菌やウイルスの活動が抑制されるか、それらが死滅するかが確認されなければならない。したがって科学的に実証することは生活を安全にするという点で、意義があると考える。

(202字)

 この **問題..** の「構成メモ」は次のとおりです。

「科学的に実証すること」は、私たちの生活に どのような意義 があると思うか。／ 具体例 を挙げて、／あなたの考えを200字程度で述べよ。／具体例については、そのことを科学的に実証する方法についても合めて述べること。

《書かなければならないこと》
- 科学的に実証することの意義
- 具体例を挙げる
- 具体例は、それを実証する方法を含める

《答案構成》
- 科学的に実証すること ＝ | だれが実行しても同じ結果が得られる
実証されていることで安心できる |

↓

私たちの生活に意義があるはず

- 具体例：ITが役に立つ
  ： | アルコール消毒が有効 | →書きやすそう！

↓

アルコール消毒を科学的に実証するためには？

↓

アルコールが細菌やウイルスの死滅を促すことを証明する

 ❶「問題文の分析」により、「何を書かなければならないか」がはっきりとしています。また、❷「分析結果から図をかくこと」、❸「図から箇条書きを作ること」、❹「箇条書きからの答案の整理」により、「書かなければならないこと」から、考えを発展させ、整理することができています。

そして、答案でキーワードとなるものを「構成メモ」から発想することも可能になり、結果として、「合格答案」が書けるわけです。このようなものが書ければ、「合格」がぐっと近づきます。これから、具体的な「構成メモ」の作り方をご説明していきますね。

テーマ 24 アイデアの発想法を構成メモにいかそう

重要度 ★★★★☆

構成メモでアイデアを出すにはどうするか

今回は、キーワードからアイデアを挙げ、そこから解答につなぐ発想法をご紹介します。これは構成メモを作成するさいの手がかりになります。一見してアイデアが浮かばない問題でも、この発想法を使えば糸口が見つかることが多く、答案を書くさいに役に立ちますよ。

- **思いつくままに挙げる** ＝ よいアイデアかどうかを考えず、とにかく挙げる
- **アイデアを組み合わせる** ＝ 出てきたアイデアを組み合わせて発想してみる
- **質より量** ＝ アイデアの組合せでは質より量を意識する

では、このアイデア発想法にもとづいて、実際の **問題** にあたりながら、どのように考えていけばよいのかを見ていきましょう。

問題 いま、古典を学ぶ意味は何か、あなたの考えを200字程度で述べよ。

（獨協大学国際教養学部言語文化学科／改題）

➢ 構成メモ例（一部）

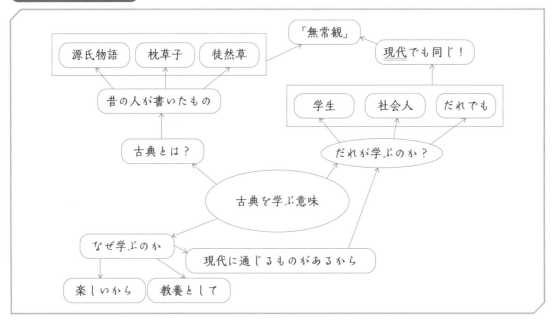

解答　古典を学ぶ意味は普遍的な事柄を発見することだ。人間には本質的に変わらない部分がある。それを学ぶことで、現代社会での指針を得られる。日本の古典には「無常観」という考え方がある。現代社会においてもまったく変わらないものを発見するほうが難しい。物事は変化することを前提にすれば、現代社会の問題にうまく対応できるはずだ。このように、人間の普遍的な性質を知るというところに、古典を学ぶ意味がある。　（193字）

この答案を書くにあたって考えておきたいことは、「受験生の視線」だけにとどまらないようにする、ということです。

受験生であれば、「古典」をほとんどの人が学んでいると思いますが、今回の 問題 について「受験生」の立場だけで考えてしまうと、「入試に役立つから」というように、視野が狭くなってしまいます。ですから、今回は現代社会を生きる人間として、という観点から書いてみました。

ここで、アイデアの発想法を用いた「構成メモ」の一部をもう一度見てみましょう。「古典を学ぶ意味」という言葉から、さまざまなキーワードが出てきていますね。そして、それらのなかで、共通点のあるものを結んでいます。こうすることにより、キーワードから連想できたアイデアを組み合わせ、共通部分を探し出し、解答として使えそうなものを見つけることができます。このアイデア発想法は、連想できるものをとにかく書きだして、そこから新たな発想をしていくための便利なツールなのです。

▶アイデア発想の仕方は、工夫することができる

新たな発想につながる思考法

ただ、アイデアを分類するといってもなかなか難しいので、そのためにはどのように考えていけばよいかもお伝えしますね。

たとえば、この問題でいえば、1つには「年代で分けてみる」という方法があります。子どもたちの目線で書いたり、学生の目線で書いたり、社会で働く人たちの目線で書いたりするということです。年代で分ければ、多くの人の目線で書くことが可能になります。

また、「学問分野別に分けてみる」という方法もあります。たとえば、「医療」の観点にしても、政治的な視点から見るか、医療的な視点から見るかで論じ方が変わってきますよね。このように、それぞれの視点により論じ方を変えることができます。こういったことも、アイデア発想法の工夫によって可能になります。

▶アイデアの発想法を工夫すれば、論じ方まで変えることができる

テーマ 25 問題文を「分析」しよう

重要度 ★★★★★

問題文の分析とは？

当たり前のことですが、入試における「小論文」には「問題文」があります。たとえば「地球環境問題について説明せよ」のようなものです。

じつは、小論文の問題文を「分析」することで、大きなヒントや、答案を構成するうえで参考になるものがたくさん見つかるのです。これが「構成メモ」を作るうえでの前提になります。今回は「問題文の分析」について見ていきましょう。

▶問題文は、答案を書くうえでのヒントの宝庫だ

問題 グローバル化が進む国際社会のなかで、日本の文化や習慣などが世界で注目されるようになっている。それは、多くの観光客が日本にやってきていることにも表れており、日本で生活する外国人の多くが、日本の食べ物やファッション、さらに音楽や歴史などに興味をもっている。身近にあるこのような事柄を具体的に取り上げ、なぜ外国人が日本の文化や習慣などに興味をもつのかを考え、そのよさを海外にどのように発信していくべきか、あなたの意見を200字程度で述べよ。

(中部大学国際関係学部／改題)

自分で書いてみよう

> **あなたの構成メモ**

解答 外国人が興味をもつ事柄として、茶道や華道などの「伝統文化」がある。これまで日本が培ってきたものを伝えるからだ。伝統的な文化を海外に発信していくためには、海外から日本の情報にアクセスできるような方法が必要となる。伝統文化を発信するWebサイトを多言語で表示すれば、多くの人がそのWebサイトから情報を得ることができる。こうしたサービスを展開することにより、日本の文化や習慣の良さを海外に発信することができる。

(199字)

 これから、この **問題** の「分析」をしていきます。「分析」をしていくうえでのコツは1つです。部分ごとにスラッシュで分け解答要素を探し出す、それだけです。そこから、何を書くべきかが見えてきますよ。たとえば、このようになります。

> グローバル化が進む国際社会のなかで、日本の文化や習慣などが世界で注目されるようになっている。それは、多くの観光客が日本にやってきていることにも表れており、日本で生活する外国人の多くが、日本の食べ物やファッション、さらに音楽や歴史などに興味をもっている。❶身近にあるこのような事柄を具体的に取り上げ、／❷なぜ外国人が日本の文化や習慣などに興味をもつのかを考え、／❸そのよさを海外にどのように発信していくべきか、／あなたの意見を200字程度で述べよ。

最初の囲んだ部分は「前置き」です。問題の背景としてこういうものがあるということを出題者がヒントとして教えてくれています。ただ、この部分はあくまでも「前置き」なので解答要素には入れません。解答要素としては、次の3点が挙げられるはずです。

- **解答要素1** = 身近にあるこのような事柄を具体的に取り上げ
- **解答要素2** = なぜ外国人が日本の文化や習慣などに興味をもつのかを考え
- **解答要素3** = その良さを海外にどのように発信していくべきか

これらのことが解答要素として求められていることがわかります。単純にスラッシュを問題文に入れることでわかりますね。答案を書くときには、❶「具体的な事柄」、❷「外国人が日本の文化や習慣などに興味をもつ理由」、❸「日本の文化や習慣の良さをどのように発信するか」を書いていけばよいわけです。問題文を分析するだけで、かなりすっきりしたと思います。

▶問題文から答案の解答要素を探すことができる

テーマ 26 分析結果から図をかこう

重要度 ★★★★★

「分析」はしたけれど……

前回は「問題文の分析」を扱いました→テーマ25。今回は、「分析」したことから、「図」をかいて、答案に結びつける作業についてご説明していきます。「構成メモ」はあくまでも「メモ」ですから、自分の書きたいように書いてもよいのですが、だいたいの流れを統一することで、入試本番でもあせることなく答案を書きはじめることができます。

▶「図」をかくことにより、より答案が書きやすくなる

では「図」をどうかけばよいのかということになりますが、まずは、分析結果から、連想できることをどんどんかいていくことになります。その中から、「共通点」を探し出し、結びつけ、答案につないでいきます。まずは 問題 を解いてみましょう。

問題 ヨーロッパでは移民、難民問題が深刻化している。少子高齢化が進む日本でも、近い将来、多くの移民を受け入れることになるかもしれない。日本に他の国の人びとが移住する場合、どのような利点があると思うか。また、反対に、どのような問題が生じる可能性があるだろうか。あなたの意見を200字程度で述べよ。

(川村学園女子大学文学部国際英語学科／改題)

自分で書いてみよう

➤ あなたの構成メモ

解答 日本が移民を受け入れることには利点も問題点もある。利点としては、移民の人びとが働き手として活躍することがある。これにより、日本の経済が発展することも考えられる。また、多様な価値観をもつ人びとが同じ職場にいることで、新しいサービスや商品が生まれる可能性がある。一方、問題点は、文化が異なる人びとが共生することで、軋轢が生じる危険性があることだ。これは人びとのあいだの緊張を高めることにつながるということも考えられる。

(207字)

 この 問題 について、「分析」と「図」をかいてみます。

まず、問題文から、解答要素となるものを発見します。今回は移民の「利点」と「問題」を書かなければならないことがわかります。そして、そこから連想できることを矢印などでつないで書いていきます。

ヨーロッパでは移民、難民問題が深刻化している。少子高齢化が進む日本でも、近い将来、多くの移民を受け入れることになるかもしれない。 日本に他の国の人びとが移住する場合、 どのような利点があると思うか。 また、反対に、 どのような問題が生じる可能性がある だろうか。あなたの意見を200字程度で述べよ。

```
          利点                          問題

多くの人の交流  国際理解の増大  文化・習慣のちがい ──→ 対立が生じる

      働き手の増加 ──────────────────┘
```

◎ 図をかくことで、思考が整理できる

 このように図をかくことで、「移民を受け入れること」の「利点」と「問題」からどのようなことが思いつくかを目に見える形で表すことができます。

そして、かき出した要素の中から、答案として使えるものをつないでいきます。今回は、「利点」から3つの要素が出てきましたが、そこから、「問題」の部分とつながるものを見つけだし、矢印でつなぎました。そうすることで、「移民の受け入れ」➡「働き手の増加（利点）」➡「文化・習慣のちがいによる衝突（問題点）」という流れができてきます。このように、問題文の分析から図をかくことで、どのように答案を書くべきかが見えてくるのです。

▶「問題の分析」から「図」をかくことにより、答案を構成できる

テーマ 27 図から「構成メモ」を箇条書きしよう

重要度 ★★★★★

「構成メモ」として箇条書きまで書いてみよう

ここまで、「構成メモ」として、「問題文の分析」「分析結果から図をかく」までのやり方をご紹介してきました。今回は、図をかいてから「箇条書き」にするまでのプロセスをご説明していきますね。

問題 近年、日本を訪れる外国人観光客が大幅に増加している。訪日外国人観光客に、日本で何を体験してもらいたいか。その理由は何か。また外国人観光客の増加は日本にどのような影響を与えるか。あなたの考えを200字程度で述べよ。

（摂南大学外国語学部外国語学科／改題）

自分で書いてみよう

➤ あなたの構成メモ

解答　訪日外国人観光客には、日本の伝統文化と日常生活を体験してもらいたい。伝統文化を実際に見れば、日本への理解が深まる。日本の人びとの生活を目の当たりにして、現代日本のあり方を知ってもらいたい。また、外国人観光客の増加は、経済面では、日本の大都市や観光地の経済を潤す（うるお）ことに貢献する。一方、これまでより多くの人びとが大都市や観光地を訪れることになるため、観光公害とよばれる現象も予想される。　　　　　（191字）

この問題の「構成メモ」を書いてみます。

今回注目してもらいたいのは、図にしたところから、箇条書きにまで落とし込み、文章を整理するということです。これが答案を書くさいの決め手になってきます。

近年、日本を訪れる外国人観光客が大幅に増加している。／訪日外国人観光客に、 日本で何を体験してもらいたいか。　 その理由は何か。 ／また外国人観光客の増加は 日本にどのような影響を与えるか。 あなたの考えを200字程度で述べよ。

日本で何を体験してもらいたいか──┬─ 日本の伝統文化　❶
　　　　　　　　　　　　　　　　　├─ 日本の現代文化
　　　　　　　　　　　　　　　　　└─ 日本の日常生活　❷

《理由》　❶　日本の伝統文化──→日本への理解が深まる
　　　　　❷　日本の日常生活──→現代の日本社会を理解する

《影響》　❶　日本経済としては観光客の増加で経済が潤う
　　　　　❷　「観光公害」の可能性が考えられる

「図」を箇条書きにできれば、答案を書くことがラクになる

ここでご紹介した「構成メモ」では、まず、答案の構成要素として、「日本で何を体験してもらいたいか」「その理由は何か」「日本にどのような影響を与えるか」という3点があることを明らかにしました。そして、「日本で何を体験してもらいたいか」という観点から、いくつか案を出し、その中から2つを選びました。そして、その2つを中心として、理由と影響を書いていったわけです。

ここまでの過程で、図に示したことを文章化し、箇条書きに表したことがわかると思います。箇条書きまでできれば、あとはそれを形を整えながら答案として書いていくだけです。このような段階をふめば、小論文の答案も書きやすくなりますよね。

▶「小論文」は「構成メモ」によってできが変わってくる

テーマ 28 「構成メモ」を完成させよう

重要度 ★★★★★

「構成メモ」の完成形！

これまで、問題文を「分析」して、分析した結果から「図」をかいて、図から「簡条書き」に落とし込むということをしてきました。今回は、「構成メモの完成形」をご紹介しますね。

完成させるには箇条書きしたものを「論理的につなぐ」ということが必要になってきます。

▶「構成メモ」は、箇条書きしたものを論理的につなげれば完成する

問題 ある範囲内であれば自動飛行が可能になる小型の無人航空機「ドローン」が近年注目されている。これまでにはない新たな役割をもたせて利用できる反面、その利用方法について十分な法律や規制の整備が行なわれていない。今後の「ドローン」の利用にたいして、新たな役割とどのような問題が発生すると思うか。あなたの意見を200字程度で述べよ。

（大同大学工学部／改題）

自分で書いてみよう

> **あなたの構成メモ**

解答　　ドローンの新たな役割として、災害時や農業、産業分野での使用がある。災害時には状況把握や支援物資の空輸が可能だ。農業では作物の管理や農薬の散布などを行なえる。産業分野では物資を配達することが可能となる。一方で問題点もある。具体的には、墜落（ついらく）などの事故を引き起こす危険性が挙げられる。また、ドローンが軍事用に転用されれば脅威（きょうい）にもなり得る。ドローンが無秩序に使用されていくと問題も発生すると考えられる。

(197字)

　ある範囲内であれば自動飛行が可能になる小型の無人航空機「ドローン」が近年注目されている。／これまでにはない新たな役割をもたせて利用できる反面、／その利用方法について十分な法律や規制の整備が行なわれていない。／今後の「ドローン」の利用にたいして、／新たな役割とどのような問題が発生すると思うか。／あなたの意見を200字程度で述べよ。

- ドローンの利用
  - 新たな役割
    - 災害時の利用
      - 状況の把握、支援物資の供給
    - 農業での活用
      - 農地の見回り、薬剤散布
    - 商業での使用
      - 配達物の空輸
  - 問題点
    - 墜落などによる事故
    - 軍事用に転用される危険性

- ドローンの利用として、災害、農業、商用に用いることができる
  - 《例》　現場の把握、薬剤散布、空輸など──→汎用性（はんよう）があるから

しかし

- ドローンの問題点として、墜落事故や軍事用への転用のおそれがある
  ──→法整備が追いついていないから

◯ 矢印や記号を用いて、箇条書きしたものを論理的につなごう

　「構成メモ」は、箇条書きしたものを、矢印や記号でつなぐと、うまく整理できます。たとえば、「理由➡結果」のように矢印を使ったり、「A ⬌ B」のように逆のことを表したり、「∵（なぜなら）」や「∴（よって）」の記号を使ったりすると論理的につなぐことができます。これで「構成メモ」は完成です。

　▶「小論文」の「構成メモ」は記号でつないで完成

テーマ **29**

「構成メモ」を答案にしてみよう

重要度 ★★★★☆

「構成メモ」を答案にすれば完成！

これまで、「構成メモ」についてお話をしてきました。今回はその「構成メモ」を「答案」へと落とし込むことについてご紹介しますね。

「落とし込む」とはいっても、とくに難しいことではありません。きちんと「構成メモ」さえ作れていれば、あとは細かい部分を付け足していけばよいだけですからね。

▶「構成メモ」さえできていれば、あとは答案として形を整えるだけ

今回も、実際の出題例にたいする答案と「構成メモ」をもとに説明していきます。「構成メモ」は、箇条書きした最後の部分をご紹介しますね。

問題‥ 国立社会保障・人口問題研究所が発表した日本の将来推計人口でも見られるように、少子高齢化がこのまま進むと自治体消滅などさまざまな問題が起こることが予想されている。このような将来をふまえ、日本が国としてどのような対応をすべきかを200字程度で述べよ。

(実践女子大学人間社会学部／改題)

自分で書いてみよう

➢ あなたの構成メモ

解答 少子高齢化には切れ目のない支援が必要だ。若い年代での結婚がしやすくなることが求められる。若い世代での結婚・出産がしにくいことには、経済的な基盤の弱さがあるため、若年層への援助が求められる。また、出産・育児においては、男女が協力して対応する体制を構築するべきだ。男女がともに出産・育児に臨めるような社会構造が求められる。具体的には、育児休暇の延長を含めた制度化、長時間労働および人事評価制度の見直しが重要だ。

(203字)

少子高齢化

└ 晩婚化を緩和する
　└ 若年層が結婚・子育てできるようにする
　　↓
　　若年層の経済的基盤を支えるべきだ
└ 男女が共同して子育てできるようにする
　└ 男性も子育てに参加するようにする
　　↓
　　育児休暇の改善と長時間労働・人事評価制度を改善するべきだ

この「構成メモ」のように、「少子高齢化」への対策を大きく2つに分けます。そして、それをよりていねいに説明し、最後に具体的な対策を書いていきます。

まず、**解答**　では、「少子高齢化には切れ目のない対策が必要だ」と出題者の問題意識を書いてみます。そして、対策の1点目を書いていきます。そのあとに「経済的な基盤の弱さ」を挙げていますね。この部分で「主張➡理由」の流れができます。対策の2点目も同様にして書いていきます。最後に、「こういった対策が……求められる」と「結論」を述べて終了です。

このように、「構成メモ」をもとにして、できるだけ「主張⬌理由⬌具体例」の流れを書き、最後に結論を書くのがやりやすいと思います。

また、「したがって」などの接続詞も重要です。「接続詞」については**テーマ34**で扱います。

▶「構成メモ」から、「主張➡理由➡具体例」、最後に「結論」の流れを作ろう

テーマ 30 「答案」はどう書くの？

重要度 ★★★★★

「答案」に必要なのは「時間配分」と「字数の配分」！

 これまでは「構成メモ」の書き方と、それをどのように答案に落とし込んでいくかをご説明してきました。ここからは、実際に問題にたいして答案を書くときのコツをご紹介しますね。答案を書くときに必要なのは、ずばり「時間配分」と「字数配分」です。これを間違えることがなければ、入試でも慌てず答案を書くことができます。

▶答案を書くさいには、「時間配分」と「字数配分」に気をつけよう

 では、実際の 問題 を通して、「時間配分」と「字数配分」のおおまかなイメージをもっていきましょう。これまでにご説明した「構成メモ」をノートなどに書き、自分で答案を作ることを忘れないでくださいね。

問題 近年、さまざまなメディアを通じて流言やデマなど根拠のない情報が広がっていくことが懸念されている。流言やデマに流されないために、私たちはどうすべきだろうか。あなた自身の考えを200字程度で述べよ。 （椙山女学園大学文化情報学部メディア情報学科／改題）

自分で書いてみよう

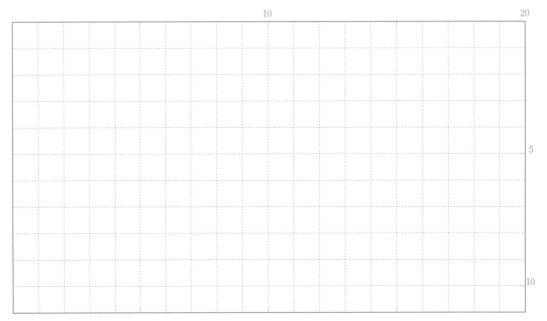

解答 流言やデマとは、根拠のない情報のことだ。それによって混乱が生じるおそれがある。これに流されないためには、いったん情報を受け取っても、それをすぐには他の人に伝えないようにすることが必要だ。また、その情報が確実なものなのか、信頼できる機関が発信する情報を参照して確認するべきだ。なぜなら、情報の真偽を確認しないままにインターネットなどで拡散させてしまうと、誤った情報による二次災害が生じる危険性があるからだ。

(202字)

小論文の時間配分と字数配分

まずは時間配分についてお話ししますね。

たとえば、この 問題 の答案を書くのに与えられた時間が60分だった場合は、その3分の1から2分の1、つまり20〜30分を構成メモを書く時間にあてて問題ありません。構成メモさえ綿密に書くことができれば、あとは答案に構成メモの内容を書くだけだからです。

▶時間配分は、構成メモを書く時間：答案を書く時間＝1：1〜1：2でOK

次に、字数配分についてご紹介します。

基本的に、日本語の文においては、1つの文につき50字前後だと考えてください。たとえば「400字」が制限字数だった場合には、「8文」で書くことになります。「400字」といわれると抵抗がありますが、「8文」でよいといわれると、ちょっと取り組みやすくなりますよね。

▶日本語の1文は50字前後だと考えよう

このことをふまえて、次に構成についてご説明します。

段落の構成を「序論➡本論➡結論」としていく場合にも、字数配分をすると書きやすくなります。問題のテーマにもよりますが、たとえば字数制限が400字であれば、「序論：本論：結論＝100字：250字：50字」としてよいでしょう。1文が50字であることを考えると、「序論：本論：結論＝2文：5文：1文」ということになります。

このように字数から逆算して考えると書きやすくなりますよ。くわしくはテーマ31でご説明しますね。

▶字数は序論：本論：結論＝2：5：1程度で考えてみよう

問題文から字数を考える

重要度 ★★★★★

問題文を分析すれば、字数が見えてくる

テーマ25で、「問題文の分析」について扱いました。内容を忘れてしまった人はもう一度目を通してみてくださいね。今回は答案全体の字数についてお話ししていきます。小論文の問題では、答案全体で「●●字以内」と決められていることがほとんどですが、この配分は「問題文の分析」をすることにより解決することができます。

▶問題文を分析し、字数配分を決めていこう

どのように字数配分を決めていくかをご説明しますね。小論文の問題文は、❶ リード文、❷ テーマ、❸ 留意事項で成り立っていることがほとんどです。これらを分析していくと、どの部分にどの程度の字数を配分すべきかがわかりますよ。

問題． 現在、世界ではグローバル化が進んでも、民族や人種の偏見・差別はなかなかなくならない。そこに宗教などが絡んでいることも多く、尊い人権が損なわれたり、何ものにも代えがたい人命が失われたりする事件も起きている。このような事件を取り上げ、偏見や差別をなくすためにはどうすればよいか、あなたの考えを200字程度で述べよ。

(中部大学国際関係学部国際学科／改題)

自分で書いてみよう

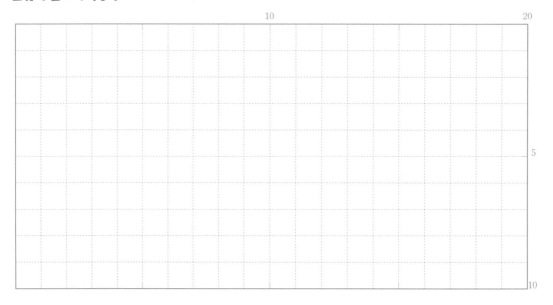

解答　偏見や差別がなされた事件として、難民がヨーロッパに押し寄せ、住民との確執が生じたことがある。本来移民などに寛容であった国の人びとも、難民への偏見や差別を起こした。偏見や差別をなくすためには、人びとが集まる場所をオープンにし、交流の場を積極的にもつことが挙げられる。行政が旗振り役となり、各コミュニティの対話と、それを通じた融和を図ることが必要だ。これにより、人びとの交流を増やすべきだ。　（193字）

これから、問題文を分析し、それぞれにどの程度の字数を配分するべきかを考えていきます。実際の入試では、問題用紙にスラッシュを入れるだけで問題ありません。

「現在、世界ではグローバル化が進んでも、民族や人種の偏見・差別はなかなかなくならない。そこに宗教などが絡んでいることも多く、尊い人権が損なわれたり、何ものにも代えがたい人命が失われたりする事件も起きている」

- リード文：問題の前提となるもので、解答要素には含まない
  「このような事件を取り上げ、」

- 例を挙げる：リード文を受けての例を挙げることが要求されている
  「偏見や差別をなくすためにはどうすればよいか、あなたの考えを200字程度で述べよ。」

- 答案の主要部分：考えを書く部分が主要部分なので、これに字数を多く割く

リード文・例を挙げる部分・主要部分ごとの配分

基本的に、リード文は問題文における「導入」なので、これについては字数を割きません。字数を割くのは、今回の 問題 でいえばまず「例を挙げる部分」です。 問題 の要求する字数が「200字」ですから、全体の25%（＝50字）程度を配分します。

次に、「主要部分」に当然最も多くの字数を配分します。例示を除いた75%（＝150字）を配分していきます。基本的に、例示：主要部分＝1：3程度で考えてもらえばだいじょうぶです。

▶分析結果から、どのように字数を配分するかをはじめに決めよう

テーマ32 段落ごとの字数配分

重要度 ★★★★★

段落で流れを作ろう

テーマ11で、「序論・本論・結論」の流れで書くと答案をまとめやすいとお話ししました。「序論・本論・結論」に分けるということは、答案をおおむね3つのブロックに分けるということです。このブロックのことを「段落」とよびます。段落についてどのように字数を割り振るかも、答案の流れを作るうえで重要です。

▶段落への字数の割り振りで、答案の流れが決まってくる

では、どのように段落ごとに字数を割り振ればよいのでしょうか。

基本的には、テーマ30でも述べたように「序論：本論：結論＝2：5：1」という程度に字数を割り振っていけば、バランスのよい答案になることが多いのです。実際の問題．を通して体感していきましょう。

問題． もしも、小学校での授業を、中学校や高等学校のように、教科ごとに担当の先生を変えて行なうことになったとしたら、あなたは賛成するか、それとも反対するか。理由を含めて、あなたの考えを200字程度で述べよ。

（奈良教育大学教育学部心理学科／改題）

自分で書いてみよう

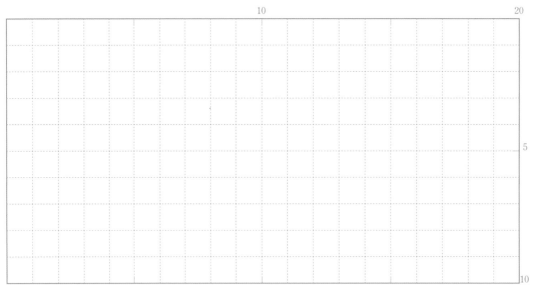

解答　小学校で教科ごとに担当の先生を変えて授業を行なうことに反対だ。クラス全体や個々の児童を把握できないからだ。

　学校という場で小学生が必要とするのは、他の児童とのふれあいを通じた社会性の構築であると考える。1人の先生が1つのクラスの全授業を担当することにより、それぞれの児童の個性や、児童間の関係を把握することができる。

　先生が教科によって変わることは、小学生のクラスには適していないと考える。　　（193字）

今回は **解答** を「序論・本論・結論」として3つの段落に分けました。この **解答** では、第1段落：第2段落：第3段落＝53字：104字：36字となっています。先ほどお話しした「2：5：1」とほぼ同じであることがおわかりいただけると思います。重要なのはあくまでも本論部分なので、第2段落に半分以上の字数を割いています。

▶重要な部分＝本論に多めに字数を配分しよう

問題に応じて柔軟に対応することを忘れずに

これまでは、「2：5：1」ということで字数配分をご紹介しましたが、これはあくまでも「目安」です。問題の指示によって、この配分は変わることがあります。たとえば、答案の冒頭に「課題文の要約」を求める問題では、第1段落の割合はもっと大きくなるはずです。

このように、小論文にはさまざまな問題があるため、字数配分には絶対こうしないといけない、というルールはありません。ですから、小論文の問題を解くときには、問題文を分析して、それに臨機応変に対応して字数を配分することが重要です。

▶字数配分は参考程度に考えて、自分なりにアレンジしよう

問題文を分析し、自分が何を答案に書くべきなのか、そしてどの部分が最も重要なのかを見極め、その部分に多くの字数を配分する、というのが段落への字数の割り振り方です。最初は難しいかと思いますが、練習を重ね、模範解答などをたくさん読むうちに感覚がつかめてきますから、安心してくださいね。

テーマ 33 文ごとの字数配分

重要度 ★★★★☆

◎ 文ごとにどのように字数を配分するか

テーマ30では、基本的に日本語の文においては、1つの文につき50字前後で考えてみようとお伝えしました。今回はそれをもう少し掘り下げていきますね。

なぜ「1つの文につき50字前後」なのかというと、「●●は✕✕である」という文があった場合、「●●」と「✕✕」の部分がいずれも25字程度のことが多いからです。たとえば、「果物の中で私がお気に入りで毎日のように食べているのはりんごであり、りんごは栄養価も高いので食べる価値がある」だと53字になります。なんとなくよくありそうな長さですよね。「50字前後」というのはぼくの経験から出した数字ですが、だいたいの文に当てはまると思います。

▶ 1つの文につき50字だととらえて答案を書いてみよう

問題. マイナンバー制度（全国民にユニークな番号を付与し、これを行政手続き等に利用する制度）が導入されようとしている。マイナンバー制度を運用するうえでのメリット、デメリット、注意事項などについて、あなたの考えたこと感じたことを200字程度で述べよ。

（東京都市大学メディア情報学部／改題）

自分で書いてみよう

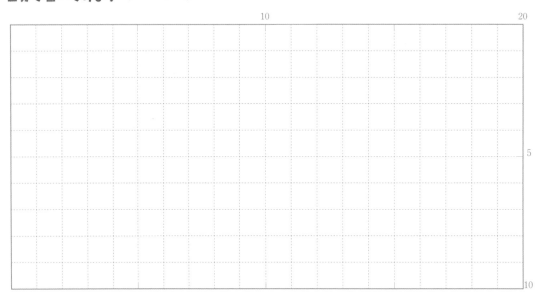

解答 マイナンバー制度のメリットは、行政手続きの簡略化、社会保障やサービスの適正化である。一方デメリットとしては、1つのマイナンバーに多数の情報が集約されていることにより、情報漏洩のリスクや、なりすましによる犯罪に巻き込まれてしまうおそれがあることが挙げられる。そのため、注意事項として、公的機関がマイナンバーを厳重に管理することが必要だ。悪意をもった者に利用されないよう、多重のチェック体制が求められる。

(200字)

この **問題** では、制限字数が200字でしたね。ということは、200 ÷ 50 ＝ 4文という計算になります。実際に、ここでご紹介した解答も「4文」で構成されています（数えてみてください）。基本的に、制限字数 ÷ 50を計算することで、必要とされる文の数がわかってくるのです。

▶制限字数から文の数を逆算することができる

「50字」は1つのまとまった文としてちょうどよい字数

みなさんのなかには、すでに学校や塾の先生に小論文の答案を見てもらった人がいるかもしれません。

ほかにも、何かの文章を書いたときに、「1つの文が長すぎる」といわれたことはありませんか？　あくまでぼくの経験によるものですが、文を読むにあたって、すっと頭に入ってくるのは「50字」の文だと考えています。

▶「読みやすさ」を考えても、「50字」の文が適している

1つの文は50字前後といわれても、感覚はすぐにはつかめないかもしれませんね。それでも、まずはなるべく1つの文を短くすることを考えてみてください。

小論文を書き始めたばかりの人は、1つの文が長くなりがちです。たとえば、「私がりんごを好きな理由は、りんごが甘くておいしいからであって、また、りんごは栄養価も高く、健康によいので、多くの人が食べるべきだからだ」というような文を書くと、わかりにくいですよね。1つの文をつらつらと続けるのではなく、「●●は✕✕だ」のように簡潔にまとめることを意識しましょう。その練習をした結果、1つの文は50字前後に収まってくると思いますよ。文章には「慣れ」も必要なのです。

テーマ 34 接続詞の使い方

重要度 ★★★★☆

「接続詞」ってどう使う？

みなさん、「接続詞」という言葉はどこかで聞いたことがあると思います。たとえば、「したがって」とか「しかし」「なぜなら」などが挙げられますね。これらは、<u>文と文、語と語をつなぐはたらき</u>をもっており、うまく使うことで、読みやすい文章を書くことができます。そういった重要な役割を果たす接続詞をご紹介しますね。

▶「接続詞」によって、答案に流れができて読みやすくなる

問題 近年、社会では女性の活躍が求められるようになってきている。かつては結婚や出産を機に退職する女性が多くいた。しかし現在では、そのような場合でも就業を継続したいと考えている女性が増えている。また、いったん就業をやめても子どもに手がかからないようになったときに、再び就業したいと考えている女性も多くいる。しかし、労働時間が長かったり、子どもを預ける施設の数が足りないなどの理由から、女性が就業を続けたり、社会に復帰したりすることが難しい場合が多いと指摘されている。そこで、女性の活躍を促すために、社会のしくみや会社の雇用のしくみをどのようにしたらよいと考えるか、200字程度で述べよ。

（東京成徳大学経営学部経営学科／改題）

自分で書いてみよう

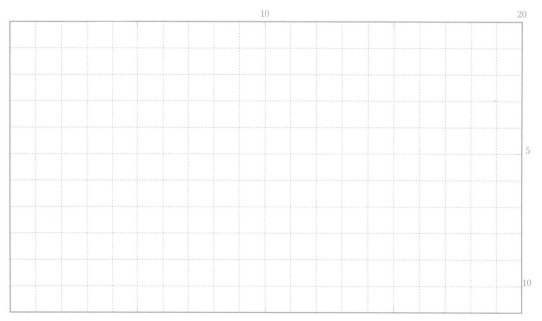

解答　女性の活躍を促すには、社会のしくみを改善することが必要だ。たとえば女性の健康状態についての医療体制の整備が挙げられる。また、あらゆる分野への女性の進出を促す制度の整備が急務だ。会社の雇用のしくみとしては、男女の隔たりなく長く働ける環境を整えることが重要だ。というのも、男性も同様に子育てに参加することが求められているからだ。このように、女性が活躍するために、社会のしくみと会社の雇用のしくみを変革するべきだ。

(204字)

この　**解答**　にも、いくつかの接続詞が使われていますね。「たとえば」で「抽象➡具体」の流れを、「このように」で答案全体の結論を導いています（「このように」は厳密には「接続詞」ではありませんが、便宜上ひとくくりにしています）。おもな「接続詞」とその役割は、次のとおりです。

- 順接 ＝ したがって・ゆえに：条件にたいして予想どおりの結果が現れることを示す
- 逆接 ＝ しかし・けれども：条件にたいして予期される結果が現れないことを示す
- 例示 ＝ たとえば：例として示す
- 並立 ＝ および・また：2つ以上のものを対等に並べる
- 添加 ＝ しかも・なお：ある要素にほかの要素を付け加える
- 選択 ＝ または・それとも：2つ以上のもののなかから条件に合うものを選び出す

とくに重要なのは「順接」「逆接」「例示」の接続詞です。

「順接」は「主張を述べたあとにその理由を挙げる」ときに使われることが多く、小論文ではよく用いられます。

また、「逆接」も、「一般論を述べて、そのあとに逆接の接続詞を置いてから自分の主張を述べる」ときに使うことができ、ひじょうに便利です。

そして、「例示」も、「抽象的な事柄を具体的な例でわかりやすくする」ときに用いることによって、答案が意味することを明確にすることができます。

これらの接続詞の使い方は、模範解答などを通じて学んでいくようにしてくださいね。

▶「接続詞」は小論文の答案で大事な役割を果たしている

テーマ 35 時間はどう割り振るの？

重要度 ★★★★★

◎ 小論文の試験は時間との闘い

ここまでは、小論文の答案を書くさいの「構成メモ」の作り方や「字数の配分」について
お話ししてきました。ここでもう1つ重要なことがあります。それは、「時間」です。
「小論文」の試験はあくまでも「入学試験」の一部ですから、必ず「制限時間」があります。
いくらでも時間をかけて答案を書いてもよい、というわけではないのです。それを意識
することが必要です。

▶「小論文」は「入学試験」なので、時間を意識した対策が必要

「時間」にかんしては、実際に体感してもらうのがいちばんです。ためしに、次の
問題.を、「構成メモ」から「答案の完成」まで**60分**で時間を測って書いてみてください。
そうすると、意外と制限時間が厳しいことに気づけると思いますよ。

問題. 携帯電話の普及により携帯小説が流行したことに続き、書籍のデジタル化が進んで
いる。紙媒体の書籍と電子書籍の特徴をそれぞれ述べたうえで、書籍のデジタル化について、
メリット・デメリットの両面から自分の意見を200字程度で述べよ。

(昭和女子大学人間社会学部現代教養学科／改題)

自分で書いてみよう

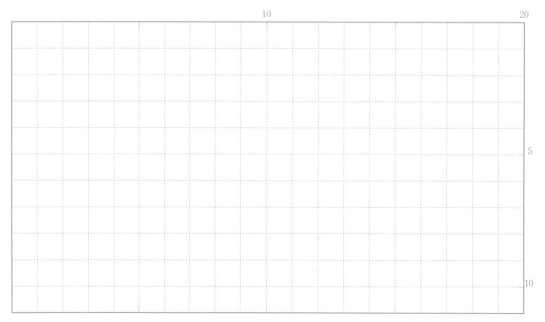

解答 　紙媒体の書籍の特徴は、書き込みなど、理解や記憶をするための工夫をしやすいことだ。一方、電子書籍の特徴は、端末に複数の書籍を収納できることだ。書籍をデジタル化することのメリットは、場所や時間の制約から解放される点にある。電子書籍は端末さえ持ち運べばよいので利便性が高い。デメリットは、自分の手で書き込むことが制限されることが多いことだ。したがって、その書籍の種類に応じてデジタル化を進めるかを判断すべきだ。

(202字)

実際に時間を測って解いてみると、意外と制限が厳しいことがおわかりいただけるかと思います。

構成メモに時間をかけすぎると答案が書ききれなくなります。しかし、構成メモを書くのをおろそかにすると、内容をよく練ることが難しくなります。したがって、どのように時間を配分するかが、小論文のできを左右するのです。

▶小論文をうまくかけるかは、時間配分で決まる

どのように時間を配分するか

小論文のできが時間配分によって決まることはわかったけれど、ではどうすればいいの？　と思うかもしれません。時間配分は問題の形式や設問の数によって変わってくるのですが、おおむねの目安はあります。それは、「構成メモを書く時間：答案を書く時間＝1：1〜2：1」という時間配分です。たとえば、先ほどの 問題 だと、構成メモを書くのに30分程度、答案を書くのに20分程度ということになります。

▶時間配分は、構成メモ：答案＝1：1〜2：1を目安に考えよう

答案を書く時間が、構成メモを書く時間より少なくてだいじょうぶなのか、と不安に思うかもしれません。それでも、ぼくの経験上、構成メモを書く時間のほうにウエイトを置いたほうが、結果的にうまく答案が書けると考えています。

なぜなら、構成メモで答案の内容を十分に練ることにより、「あとは答案として文字にするだけ」という状況を作り出すことができるからです。書く内容さえ決まっていれば、あとは悩まずに答案を書くことができるということです。くわしくは**テーマ36**で扱いますね。

理想的な時間配分

重要度 ★★★★☆

「構成メモ作成＋答案作成」を制限時間内に行なう

 以前、小論文の時間配分は、「構成メモ作成：答案作成＝1：1〜2：1」が目安だとお話ししました→テーマ30。今回は、時間配分の仕方をさらに細かくご説明していきます。具体的には、「構成メモ作成」のどの部分にどれだけ時間をかけるか、「答案作成」のどの部分にどれだけ時間をかけるか、ということをお話しします。

▶構成メモと答案の作成への時間のかけ方がわかれば有利になる

 実際に時間を体感していただきたいので、まずは自分で時間を測って問題を解いてみてください。制限時間は**60分**とします。構成メモも作って答案作成に臨んでくださいね。

問題.. 日本では飲食店内での喫煙(きつえん)を禁止すべきか否かで賛否両論さまざまな意見がある。あなたは飲食店内での喫煙を規制する政策の是非についてどのように考えるか。メリットとデメリットを挙げて、あなたの意見を200字程度で述べよ。 （龍谷大学経済学部／改題）

自分で書いてみよう

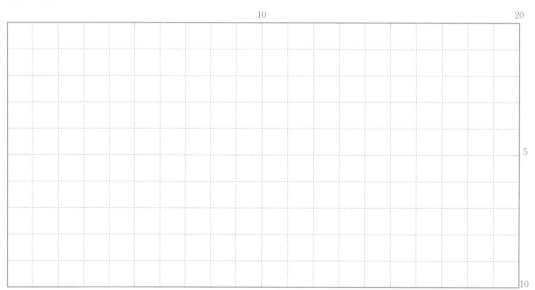

解答　飲食店内での喫煙を規制する政策を推進するべきだ。喫煙は副流煙を吸った人にも健康被害を及ぼすからだ。喫煙を規制するメリットとして、飲食店内にいる人びとをたばこの煙による健康被害から守るということが挙げられる。飲食店内は密室に近いため、たばこの煙を吸ってしまう構造であることによる。デメリットは、喫煙者に不自由を強いることになることだ。しかし、屋外に喫煙所を設けることで喫煙者の自由は確保できるはずだ。

(199字)

みなさんは、この　問題　を解くさいに、構成メモについてどのように時間を配分しましたか？　「構成メモ」は、「問題文を分析する」「分析から図をかく」「図から箇条書きをしてみる」「答案構成を整理する」の4つの段階に分けることができました。構成メモは問題文の分析が重要ですから、これらの配分は2：1：1：1とするのが妥当です。したがって、30分で構成メモを作るのであれば、「分析：図：箇条書き：整理 = 12分：6分：6分：6分」を目安としたほうがよいでしょう。

▶構成メモの作成への時間配分も細分化しよう

では、答案作成についてはどうでしょうか。

今回の　問題　では、「飲食店内での喫煙を規制する政策の是非」について、「メリット」と「デメリット」→テーマ18を挙げて自分の考えを書くのでしたね。そうなると、「是非にたいする自分の考え」➡「メリット」➡「デメリット」➡「結論」の順になりますから、その時間配分はおおむね2：1：1：1となるかと思います。答案を書く時間に20分をあてるのであれば、「8分：4分：4分：4分」程度になるでしょう。もちろん、実際には厳密に時間を測る必要はありませんが、このように細分化すると答案が書きやすくなるかと思います。

▶答案を書くためにも、時間配分は重要

ここまででお話ししたことは、あくまでも「目安」です。試験の場では、実際に目の前に出された問題にたいして、臨機応変に対応することが求められます。

とはいえ、構成メモと答案それぞれの作成にどの程度時間を配分するかは、事前の準備としては大切ですし、イメージトレーニングにもなります。日ごろの小論文の勉強をするときも、時間を意識した答案づくりをしていってくださいね。

テーマ37 文 学

頻 度 ★★★★☆

出題例 日本語や日本の文学作品を学ぶことにはどういう価値があると考えるか。具体例を挙げつつ400字程度で述べよ。

（天理大学文学部国文学国語学科／改題）

> **あなたの構成メモ**

自分で書いてみよう

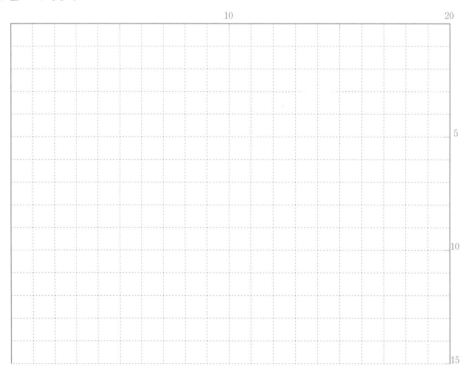

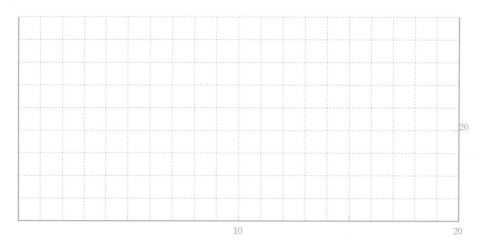

➢ **構成メモ例**

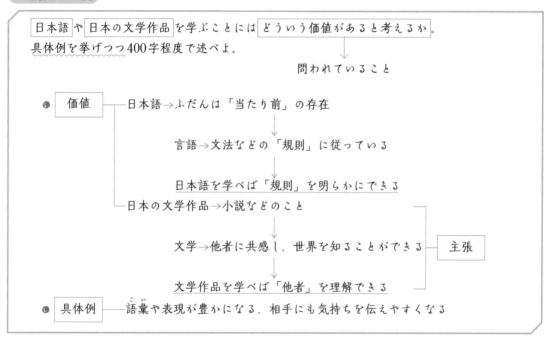

日本語 や 日本の文学作品 を学ぶことには どういう価値があると考えるか。
具体例を挙げつつ400字程度で述べよ。

↓

問われていること

価値 ──日本語→ふだんは「当たり前」の存在

↓

言語→文法などの「規則」に従っている

↓

日本語を学べば「規則」を明らかにできる

──日本の文学作品→小説などのこと

↓

文学→他者に共感し、世界を知ることができる── 主張

↓

文学作品を学べば「他者」を理解できる

具体例──語彙や表現が豊かになる、相手にも気持ちを伝えやすくなる

　　まずは、問題が求めているのが、「日本語や日本の文学作品を学ぶことにはどういう価値があるか」で
すから、それにたいする自分なりの考えを書いたほうがよいでしょう。日本語や日本文学を学ぶことから
は、さまざまな利点が考えられると思います。ただ、「日本」に限定しているので、日本に住む私たちに
たいしてどのような価値があるのか、ということに着目するとよいでしょう。

◢ **テーマのキーワード**

● 日本語を学ぶことの価値：日本語を母語として話す場合には、自然と日本語を話せるようになってい
る。日本語に関心をもつのは、「うまい文章の書き方」など運用技術の向上を意識するときだ。日本語
学の課題は、日本語を客観的な対象としてとらえ、その構造や機能の規則性を明らかにすることだ。こ
れは自然科学の営みと同様ともいえる。

● 日本文学を学ぶことの価値：文学は他者への共感を可能にする有効な手段であり、日本語などの母語
への感度を高める手段でもある。また、世界について知るための手段でもあると考えられている。

🚫 合格点まであと一歩の答案例

　❶日本語や日本の文学作品を学ぶさいには、それらからより多くのことを学ぶように意識す<u>べきだ</u>。日本語や日本の文学作品からは多くのことを学ぶことができるはずなのに、私たちはそれができていない。それは、日本語や日本語で書かれたものがあまりにも日常的なものだからだ。しかし、❷<u>本来は、日本語からは、それを構成する文法や、文法を通じて自分たちが使う言葉を客観的に見ることができるはずだ。また、日本の文学作品には、さまざまな表現が豊富に使われているから、それを日常生活で活用することも可能になるはずだ</u>。それなのに、ほんとうであれば学べるはずのことを学ばないのは❸<u>もったいないことだと思う</u>。そのため、私たちはどれほど多くのことを学べるかを意識しなければならない。それによって、日本語を構成するルールや、豊かな表現を学ぶことができる。こうして学んだことは日常生活にいかせる。それが日本語や日本の文学作品を学ぶ価値となるはずだ。

(401字)

💬 答案例へのコメント

➡❶：✕　問題が求めていることは「日本語や日本文学を学ぶことの価値」です。それなのに、答案例では「……学ぶように意識すべきだ」と述べていますので、問題が求めていることと食い違ってしまっています。

➡❷：○　日本語を学ぶことや、日本文学を学ぶことの意義を書くことができています。この点は評価されるでしょう。

➡❸：△　「もったいない」という言葉は話し言葉です。日常的にはよく使いますが、具体的にどういう意味なのかが不明確なので、小論文では使わないほうがよいでしょう。

💬 全体を通じたコメント

　冒頭に、「多くのことを学ぶように意識すべきだ」とありますが、これは問題が求めている、「日本語や日本の文学作品を学ぶことの価値」と対応していません。このままだと、<u>出題者の求めていることに答えられていない印象を与えてしまう</u>おそれがあります。また、日本語や日本の文学作品を学ぶことの価値は理解できているのに、それを最後だけに書いています。これでは、読み手としては、<u>主張が最後までわからないので</u>、不安になってしまうでしょう。

キクチからのひと言 ❶　　問題にたいする結論を最初に書こう

❀ 合格点がもらえる答案例

[日本語・日本の文学作品を学ぶ価値についての主張]　❶日本語や日本の文学作品を学ぶことには、自分たちが日ごろ使っている言語について再確認するとともに、文学作品を通じてその表現の豊かさを学び他者を理解する価値があると考える。

[日本語などについての現状認識]　❷私たちは日常的に日本語を母語として使用しているが、日本語について分析することはほとんどない。そのため日本語がどのような構造にあるかということにも意識をもっていない。❸その点、日本語や日本の文学作品を学べば、日本語がどのような構造や文法規則をもっていて、それがどう使われることができるかを知ることができる。

[具体的な例]　❹具体的には、これによって、日常的に用いる語彙（ごい）の幅が広がり、表現が豊かになることが期待できる。また、それを通じて、自分の伝えたいことを明確に相手や読み手に伝えることができる。

[まとめ・結論]　❺こういった、自分の中であいまいだった概念を明確化し、相手との意思疎通をスムーズにすることが、日本語や日本の文学作品を学ぶ価値であると考える。　(391字)

第3章　第8節　人文科学系テーマ

答案例へのコメント

➡❶：◎　問題が求めていることに端的に答えることができています。
➡❷：◎　現実を冷静に分析することができています。これにより、客観的に物事を観察できることがアピールできます。
➡❸：○　現状分析から、日本語などを学ぶことの効果が書けており、問題が求めている「価値」についての考えを述べられています。
➡❹：○　具体例が結論につながるもので、おおむね問題ありません。ただ、現実世界での具体例を少し入れるとより問題の趣旨（しゅし）にそったものになったでしょう。
➡❺：◎　自分の主張を、問題が求めていることにたいして的確に答えることができています。

全体を通じたコメント

　問題を事前に分析することにより、「日本語や日本の文学作品を学ぶ価値」について明確に主張できており、いいたいことがわかりやすくなっています。また、日本語や日本の文学作品にかんする現状分析を行なうことにより、自分たちを取り巻く状況を客観的に把握していることがアピールできています。具体例も的確です。これらをまとめて結論を導いているのがよい点だと思われます。

キクチからのひと言 ②　　問題が求めていることに端的に答えよう

語　　　学

出題例.. 英語が世界の共通語になることはよいことだろうか。あなたの考えを400字程度で述べよ。

（フェリス女学院大学文学部英語英米文学科／改題）

➢ あなたの構成メモ

自分で書いてみよう ・・・・・・・・・・・・・・・・・・・・・・・

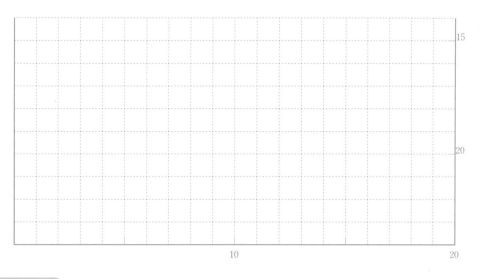

➤ **構成メモ例**

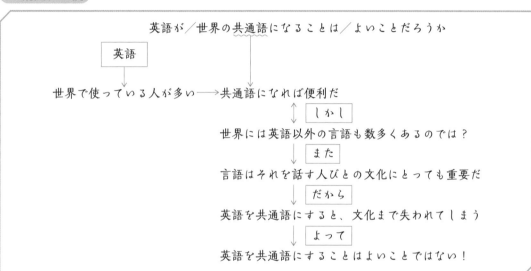

「英語が世界の共通語になることはよいことだろうか」と問題提起がなされています。そのため、答案ではまずそれにたいする答えを述べます。合否を分けるのはその「理由づけ」となるでしょう。英語の共通語化は何を意味するのか、それを言語以外の面から考えるのもよいでしょう。

テーマのキーワード

● 共通語としての英語：地球上で英語を話す人びとの数は15億人と推定されている。このように、英語が世界で圧倒的に優位になったのは近現代に入ってからであり、イギリスとアメリカが強大な国力を誇ったことによる。しかしながら、中国の台頭によりその地位が脅かされているという指摘もある。

● 言語の消滅危機：グローバリゼーションや少数民族の人口減などの理由により話者がいなくなり、言語そのものが失われてしまうこと。言語が消滅すると、それとともにその民族の民族性と文化も失われてしまう。世界で確認されている言語数は7,097言語、消滅危機の言語は2,500言語、1950年以降に消滅した言語は230言語といわれている（2018年時点）。

● 合格点まであと一歩の答案例

　英語は世界のあらゆる場所で使われている言語だ。日本においても、小学校から高校まで英語教育が実施されるようになっている。①これにより、日本に住む人びとの英語力は向上することだろう。そうすれば、日本の人びとも、英語を話すさまざまな人とコミュニケーションをとることができるようになる。このように、英語は世界における意思疎通のための道具として使えるものだ。英語を話せるようになれば、その人が生活できる世界がずっと広くなるだろう。②私も、これまで、道端で外国から来た人に道を尋ねられたときに、たどたどしくも英語で答えることができ、その人の助けになれた経験がある。このように、英語を話せることは、多くの人を助けることにもつながる。英語が世界の共通語になれば、その効果は計り知れないものとなるだろう。③そのため、世界じゅうの人びとが英語を話せるようになることはよいことだ。したがって、英語を世界の共通語にすべきだと考える。

(401字)

答案例へのコメント

➡❶：△　英語教育が小学校から実施されることがそのまま日本の人びとの英語力の向上につながると述べていますが、直接つながるものではありません。

➡❷：✕　自身の体験を述べていますが、これはだれもが納得できる論拠にはなりません。今回の問題ではわざわざ書く必要はありません。

➡❸：△　世界じゅうの人びとが英語を話せればよい、というのは単純すぎる考え方です。英語が共通語となることでどのようなことが起こりうるかを多面的に見るべきでしょう。

全体を通じたコメント

「英語が世界の共通語になることはよいことだろうか」という問いがなされていますが、それにたいする答えが最後にきてしまっています。ふだん書いている文章では結論を最後に書くことが多いと思いますが、小論文では避けるべきです。なぜなら、答案としての結論がわからないと、読み手（＝採点者）としては不安になってしまうからです。また、最後まで読まないと結論が判明しないと、途中が何をいっているのか不明瞭な文になってしまいます。そのため、まずは結論を冒頭に書くことを心がけましょう。

キクチからのひと言 ❸　「よいかどうか」という質問にまず答えよう

🌸 合格点がもらえる答案例

主張を明確に示す ❶英語が世界の共通語になることは、必ずしもよいことではないと考える。❷なぜなら、他の言語、とくに少数言語がないがしろにされてしまう危険性が生じてくるからだ。

英語を共通語とすることのメリット ❸たしかに、英語が世界の共通語になることにはメリットもある。たとえば、世界じゅうの人びとが英語を話すことができるならば、意思疎通はいまよりも容易になる。また、書き言葉が英語であり、だれもが読めるのであれば、情報の共有も可能だ。

メリットをふまえた自説の展開 ❹しかし、英語を世界の共通語とすることは、他の言語の地位が相対的に下がることをも意味する。なぜなら、英語が社会において有用だと認められていれば、英語の習得が優先されるのは明らかだからだ。

主張をさらに発展させる そうすると、少数言語で表現されていた情報媒体が風化してしまうおそれがある。❺これはたんに言語の減少だけでなく、文化の多様性を失うことをも意味する。

結論 ❻世界の文化の多様性を維持することを考えても、英語を世界の共通語にすることはよいことではないと考える。

(402字)

答案例へのコメント

➡❶：◎ 最初に自分の主張を書き、立場を明らかにできています。

➡❷：○ 「なぜなら」と理由をつけることで主張を補強しています。

➡❸：○ 「たしかに」と始めることで、自分の主張にたいする反論として考えられるものを考慮することができています。これを「譲歩構文」といいます。

➡❹：○ ❸に対応して、「しかし」で自分の主張を再反論の形で述べることで、説得力が増します。

➡❺：◎ 「言語の減少」を「文化の多様性を失うこと」につないでいて、答案に深みがあります。

➡❻：○ 主張を結論部分で言い換えて述べることで、答案に締まりが出ています。

全体を通じたコメント

　問題が求めているのは、「英語が世界の共通語になることはよいことだろうか」ということです。答案ではまずこの点に答えると、自分の主張が明確になります。この答案では、「必ずしもよいことではない」と自分の主張を明確にしているので、そのあとの答案も読みやすいものとなっています。

　主張にたいして英語を共通語とすることのメリットを述べて、自分の考えにたいして予想される反論に言及しつつも、それを上回るデメリットがあることを述べられているのもよい点です。

キクチからのひと言 ④　主張を述べてから論を展開しよう

テーマ 39 歴史・地理

頻度 ★★☆☆☆

出題例 「地方創生」といわれる時代に、地方都市の「まちづくり」のために「あなた」のような若者が担うことのできる役割や仕事は何か。あなたの考えを400字程度で述べよ。

（東京都市大学都市生活学部都市生活学科／改題）

> **あなたの構成メモ**

自分で書いてみよう

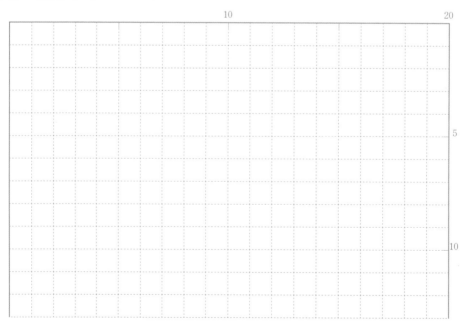

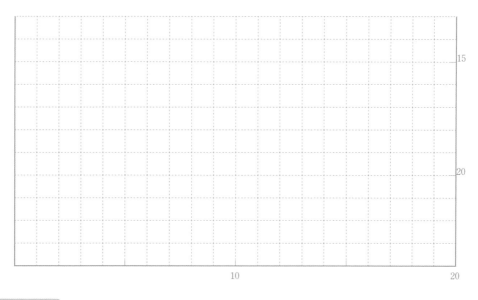

➤ 構成メモ例

「地方創生」といわれる時代に、／地方都市の「まちづくり」のために／「あなた」のような若者が／担うことのできる 役割 や 仕事 は何か。

主語　　　　　　　　答えるべきこと

地方創生──→それぞれの地域の特徴をいかして社会を形成すること＝まちづくり
　　　　　　　　　　　　　↓
　　　　　　若者に何ができるか？
　　　　　　　　❶：さまざまな世代の中間にいる
　　　　　　　　❷：働き手の中心でもある
　　　　　　　　❶'：子どもや高齢者の仲立ちをする　┐
　　　　　　　　❷'：働き手として産業に貢献する　　┘→役割・仕事

　この問題は、そもそも「地方創生」についてある程度の知識がないと書けないつくりになっています。最近のニュースを見ているかどうかが問われているのです。また、「まちづくり」のために若者ができることも問われています。答案を作成するさいには、あくまでも「あなた」、つまり、自分自身を含めた若者を主語にすることが必須です。

テーマのキーワード

- 地方創生：人口急減・超高齢化という、わが国が直面する大きな課題にたいし、政府が一体となって取り組み、各地域がそれぞれの特徴をいかした自律的で持続的な社会を形成すること。
- まちづくり：現在、「まちづくり」という用語は多様に使われており、定義は1つではない。基本的には、行政主導で都市がつくられるというよりも、住民が参加しその生活にかかわる問題に総合的に取り組む活動であるといえる。例としては、大都市圏では情報通信技術を駆使した場づくり・人づくり、地方都市ではその都市の地域自体のブランド化、農山漁村地域では都市との連携による人的交流ネットワークの構築などが挙げられる。

⚠ 合格点まであと一歩の答案例

❶地方都市のまちづくりのためには、さまざまな世代が、それぞれができることを分担していくことが必要だ。たとえば、働きだしたばかりの人びとは、仕事の全体像をなるべく早く把握し、社会に貢献する姿勢を養っていくことが求められる。また、働きざかりの年代の人びとは、自分たちが社会の発展の中心であるということを念頭に置き、周りの人びとや社会にたいして自分のできることをしていくことが必要だ。高齢者は、これまでの経験を、自分たちより若い世代に伝えていくことがその役割となるだろう。そして、❷私たちのような若者は、社会に出て第一線で活躍している人びとのようすから多くのことを学び、今後の人生にいかすように努めるべきだ。そうすれば、社会に出ても、学んだことを応用し、よりよい社会を構築できるようになるはずだ。❸さまざまな世代の人びとが一致団結して地方都市のまちづくりに取り組むことにより、今後人口減少が予測される社会も活力があるものになると考える。

(411字)

📝 答案例へのコメント

➡❶：✕　問題が求めていることと異なることを冒頭から書いてしまっています。ここでは、さまざまな世代のことを書くようには求められていません。

➡❷：△　本来はこの部分を最初に書くべきです。そうすれば、答案全体が引き締まったものになったでしょう。

➡❸：△　結論としてあいまいで抽象的なものになっています。さまざまな世代が一致団結すれば社会も活力があるものになるというのも、安直な考え方です。

💬 全体を通じたコメント

　この問題が問うているのは、「若者が担うことのできる役割や仕事は何か」ということです。したがって、「まちづくり」の主体としての「若者」を想定する必要があります。その点、この答案では、「働きだしたばかりの人びと」「働きざかりの年代の人びと」、そして「高齢者」といった、問題が求めていないことについて書いてしまっています。これでは、問題が求めていることに答えているとはいえません。この問題で主語にすべきなのは「若者」ですから、それをふまえた答案にすべきでした。

キクチからのひと言 ❺　問題が求めている「主語」は何なのかを考えよう

🏵 合格点がもらえる答案例

【結論を先に示す】　❶地方都市のまちづくりのために、私のような若者が担える役割は、その地域の多様な住民たちのかけ橋となることだ。また、担うことができる仕事は、地域の産業の中でも先進性がある領域での仕事だ。

【「地方創生」と「若者ができること」の定義】　そもそも、❷地方創生とは、それぞれの地域がおのおのの特徴をいかした持続的な社会を形成することだ。それを実現するために❸若者ができることは、地域の活力となり、人間関係や産業振興において役割をはたすことだ。

【定義から発展させた主張の展開】　❹人間関係においては、子どもから高齢者まで多様な人びとが存在する地域の中で、年齢的にその中間に位置づけられる若者は、その仲立ちをすることができると考える。❺産業振興においては、若者は働き手として地域に貢献することが求められている。しかも、先進的な産業に従事することで、地域を引っ張っていくことが可能だ。

【まとめ・結論】　❻このように、地方創生において、私のような若者には、人間関係の中心となり、産業振興の要として活動する役割や仕事があると考える。

(401字)

答案例へのコメント

➡❶：◎　問題が、「若者が担うことのできる役割や仕事」を書くことを求めていますので、それにたいして簡潔に答えることができています。

➡❷：◎　「地方創生」の「定義づけ」が正確にできています。

➡❸：○　「地方創生」の定義をもとに、若者に何ができるかという部分に発展させています。

➡❹：○　❸をもとにして、「人間関係」において若者にできることが述べられています。

➡❺：○　❹と同様に、❸をもとにして、「産業振興」において若者にできることが述べられています。

➡❻：○　これまで述べてきたことをうまくまとめることができています。

全体を通じたコメント

　解答者に問題が求めているのは、「まちづくり」のために「あなた」のような若者が担うことのできる役割や仕事は何か、ということです。このとき、「まちづくり」のために何かを行なう人、つまり主語は「若者」です。したがって、答案上の主語を「若者」に固定することにより一貫した主張をすることが可能となります。答案例では「若者に何ができるか」という視点で書かれているので、その点が評価されるでしょう。

キクチからのひと言 ❻　◁　「主語」を明らかにすれば論じることができる

哲　　　学

頻　度 ★★★☆☆

出題例　1937（昭和12）年に出版された吉野源三郎の『君たちはどう生きるか』が漫画化され、ベストセラーとなった。『君たちはどう生きるか』は、15歳の主人公コペル君が、叔父さんとの対話を通して、いじめ、貧困、人間関係などの問題について悩み、考え、成長する姿を描いた児童文学である。なぜ、いま、本書に注目が集まっているのか、その理由について、あなたの考えを400字程度で述べよ。

（獨協大学国際教養学部／改題）

➤ あなたの構成メモ

自分で書いてみよう

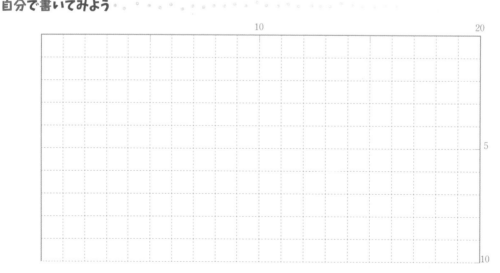

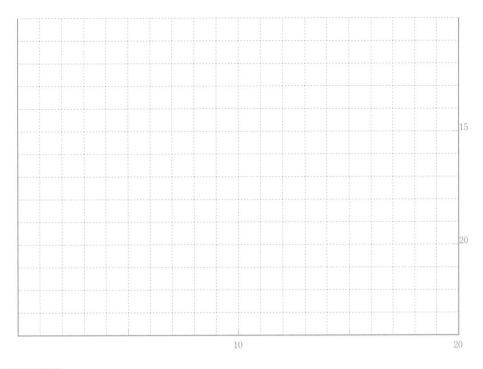

| | 15 |
| | 20 |

10　　　　　　　20

➤ 構成メモ例

なぜ、いま、本書に注目が集まっているのか、その理由について、あなたの考えを400字程度で述べよ。

いじめ、貧困、人間関係などの問題

→ 昔 の本だが、いま と通じる

だからこそ
注目されている

└── 昔もいまも若者が悩むことは同じ／貧困は質がちがう

　本を読んでいないと答えられない、と思いがちな問題ですが、そのようなことはありません。問題に、『君たちはどう生きるか』についての説明がきちんと書いてありますので、それを参考にします。そのうえで、「いま」本書に注目が集まっている理由を書いていきます。

テーマのキーワード

● 現代の貧困：現代の「貧困」は、途上国で見られる飢餓や栄養失調とは異なる。途上国などの貧困を「絶対的貧困」とよぶ。現代の貧困は「相対的貧困」とよばれる。これは、公共料金や医療費が払えないといった一定水準以下の生活しか営めない状態のことであり、先進国でも見られる。

● 現代の若者の人間関係：かつて、1960年代から2000年以前までは、若者は会社などのタテ社会の伝統的なものや制約のあるものを避けたいと思っていた。しかし、2000年以降から現在にかけては、上下関係に縛られない流動的な人間関係、つまりヨコ社会となった。これは制約から若者を解放したが、一方で、だれかとのつながりを求めることにつながった。

❶ 合格点まであと一歩の答案例

　現代社会は、インターネットが普及し、さまざまな情報をすぐに得られるようになっている。また、書籍やマスメディアを通じた情報も、生活していれば自然と流れてくるはずだ。このような状況のもとで、私たちは大量の情報の中で、何が正しい情報なのかわからなくなっているのではないだろうか。❶正しい情報とは、自分にとって役に立つ情報のことだと考える。現代の情報化社会に生きる私たちにとっては、このような正しい情報を得ることが必要不可欠である。❷しかし、日々さまざまな情報が流れてくるため、どれが正しいのかわからず途方に暮れることがある。そういったときに役に立つのが、かつて刊行された書物だ。ずっと昔に書かれた本であっても、そこにはいまの私たちにとって有用なことが書かれていることが多い。❸『源氏物語』のような古典が役に立つのはこのような理由による。❹だからこそ、現代日本で本書が注目を集めているのだと考える。

(391字)

答案例へのコメント

➡❶：△ 「正しい情報」の定義を、「自分にとって役に立つ情報のこと」だとするのは適切ではありません。事実として「正しい」情報も考えられますから、この定義はせますぎるといえるでしょう。

➡❷：△ 3行めの「私たちは大量の情報の中で、何が正しい情報なのかわからなくなっているのではないだろうか」という記述と内容が重複しています。これは答案として意味のない部分ですから、避けるべきです。

➡❸：△ 『源氏物語』は、今回の問題とは関係がありません。無理やりとってつけた印象を与えてしまいます。

➡❹：✕ 本書が注目を集める理由について、十分に論じられていません。

全体を通じたコメント

　この問題では、90年近く前に書かれた書物が現代でベストセラーになっているとあります。そこから考えられることは、「昔」と「現代」とはさまざまな点でちがうがその一方で共通する部分もある、ということです。答案例では、現代のことについて多くの字数を使ってしまっており、「昔」と「現代」との相違点と共通点についての言及が乏しいです。また、主題は『君たちはどう生きるか』ですから、『源氏物語』を例に出す必要はなかったはずです。たとえ取り上げられた本について知らなくても、設問の文章である程度は概要がつかめますから、それをもとに答案を書くべきだったでしょう。

キクチからのひと言 7　昔と現代との対比に気づこう

✿ 合格点がもらえる答案例

結論を先に示す ❶いま、本書に注目が集まっている理由は、現代において、若者たちが直面する問題が、かつてのものと重なり合う部分があると認識されたためだと考える。

主張にたいして予想される反論 ❷本書が書かれたのは昭和の初期であり、現代とは時代背景も社会のようすも異なることはたしかだ。

予想される反論をふまえた主張 ❸しかし、その当時の若者が抱えていた問題や悩みと、現代の若者のそれは通じるものがある。たとえば、人間関係の悩みが第一にあり、また、貧困の問題もある。人はだれもが他者とつながりながら生き、そのなかで悩み苦しむのは変わらない。そういった人間の本質を本書は突いているのだ。

現代と過去との対比 また、❹昭和初期は社会の大多数は貧しさのなかにあった。一方現代は相対的貧困に耐え続けている人びとがいることもたしかだ。現代は格差が広がっている。それを直視するのに、本書は役立つのではないだろうか。

まとめ・結論 ❺このように、本書は、人間の本質を突くと同時に、現代の問題を浮き彫りにするという点で、注目を集めているのだと考える。

(401字)

答案例へのコメント

➡❶：◎ 冒頭で簡潔に主張を述べており、読み手にとって受け入れやすいものになっています。

➡❷：○ 「……はたしかだ」と予想される反論を述べ（譲歩構文）、読み手に配慮できています。

➡❸：○ 「しかし」に続けて自分の主張が明確に述べられています。

➡❹：◎ 近年本書の人気が出ていることを、現代の現象を用いて説明し、設問に正面から答えられています。

➡❺：○ 自分の主張を、言葉を換えて再度示し、わかりやすい文章に仕上げられています。

全体を通じたコメント

　この問題のポイントは、「昭和12年」に書かれた本が「現代」で再び注目されているという点です。これが何を意味しているかというと、どの時代にも若者が共通していだく悩みがあること、そして現代社会は『君たちはどう生きるか』が書かれた時代と共通点があるのではないかということです。答案例では、問題で示されている「昭和の初期」と「現代」とをうまく対比させているのがよい点です。

キクチからのひと言 ❽　問題で対比されていることを見抜こう

テーマ 41 文　　化

頻度 ★★★★☆

出題例　最近スマートフォンの普及をはじめ、あらゆる分野でインターネットの利用が増えるなどの情報化が進んでいる。情報技術が発展することで、とても便利な世の中になってきた。一方で、ありとあらゆるところで個人情報が流出したり、インターネット上で特定の人物を中傷したりという問題点もある。わたしたちはこのような情報化社会でどのようにインターネットなどを利用すべきか。あなたの考えを400字程度で述べよ。

(岡山商科大学法学部法学科／改題)

➤ あなたの構成メモ

自分で書いてみよう

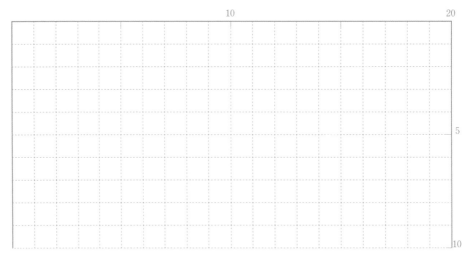

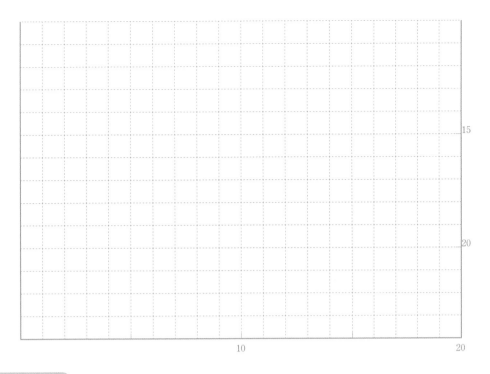

➢ 構成メモ例

情報化社会 でどのようにインターネットなどを利用すべきか

すべての人びとの生活が情報に依存する社会
  ┣ よい面：さまざまな部分で便利になった
  ┗ 悪い面：情報が氾濫（はんらん）している
            ┗→ 例：間違った情報が拡散するおそれ
                    ┗→ 情報の取捨選択をしなければならない

　問題に、「情報技術の発展のメリットとデメリット」がていねいに書かれていますので、それを参考にして書いていきます。問題に解答のヒントがあることが多いため、それを読み取ることも解答するさいのスキルの1つです。

テーマのキーワード

● 情報化社会：特定の個人や特定の事柄だけでなく、すべての人びとの生活に情報への依存が見られる社会のこと。人びとの所得水準が向上するのにともなって個人の欲求や関心が多様化し、それらを実現するための多様な情報にたいする欲求が強まっている。産業構造自体も、これまでの工業中心の産業から、知識や情報を中心とした産業への転換が期待されている。

● 情報化社会における問題点：個人レベルでは「クレジットカード情報の不正利用」「フィッシングサイトによる個人情報の取得」「不正アプリによるスマートフォン利用者への被害」などがある。組織レベルでは「集中的なサイバー攻撃による被害」「コンピュータウイルスによる被害」などがある。

⚠ 合格点まであと一歩の答案例

　現代社会は、書籍やテレビ、新聞といったマスメディアからの情報とは別に、インターネットからの情報があふれている。<u>①インターネットは正しく使えばひじょうに便利なものだ。</u>スマートフォンやパソコンがあればすぐに情報を得ることができるし、インターネットを通じたコミュニケーションツールも数多く存在する。<u>②こういったなかで、私たちは、自分にとってどのような情報が必要なのかを自問自答することが必要だと考える。</u>なぜなら、自分自身に必要な情報が何なのかがわからなければ、自分が使うべきツールも見つからないものだからだ。<u>③使うべきツールがわからなければ、変化のスピードがすさまじい現代に置いていかれてしまうだろう。</u>自分が成長していくためには、周りの世界に合わせていくこと、できることならその先をいくことが必要だ。そのため、自分に必要な情報はどういったものなのかをよく考え、インターネットを利用していくことが求められるだろう。

(400字)

答案例へのコメント

➡**①**：✕　テーマが「インターネットの便利さ」になってしまっています。問題は「便利さ」と「問題点」の両方について聞いていますので、その2つについて書くべきでしょう。

➡**②**：△　インターネットの使い方としてはたしかに一理ありますが、問題文をふまえた記述ではありません。自身の考えを述べただけにとどまってしまっています。

➡**③**：△　インターネットから「ツール」へと話が飛んでしまっています。これではなんの話をしているのかが不透明です。

全体を通じたコメント

　設問において、情報技術の発展により、私たちは恩恵を受けるとともに弊害も受けている、ということが示されています。このことから、<u>問題文が答案として書くべきことを誘導してくれていると考えるべき</u>でしょう。答案例では、現代社会において私たちが「どのような情報が必要なのかを自問自答」すべきであると書かれていますが、<u>もっともらしいことを書いているようで、問題に直接答えているとはいえません</u>。この問題では、情報技術の恩恵と弊害をふまえた記述をするべきだったでしょう。

キクチからのひと言 ⑨　問題文をヒントにして考えよう

✿ 合格点がもらえる答案例

情報化社会の定義づけ ❶情報化社会とは、すべての人びとの生活が情報に依存する社会のことだ。

定義づけにもとづく主張の提示 ❷そのなかで、私たちは、必要なものを取捨選択しながらインターネットを利用する必要がある。❸なぜなら、現代社会には情報が氾濫しており、自分にとって適切な情報を得るようにしなければ、意図しない方向へと向かってしまうおそれがあるからだ。

具体例の提示 ❹たとえば、間違った情報を正しいと誤って認識してしまうと、それにもとづいた行動も間違ったものになることが多い。さらに、さまざまな人びとがインターネットでつながっている現代においては、情報の拡散が生じる。かりに誤った情報が広まってしまうと、それはデマとなり、社会を混乱させてしまうことも考えられる。

まとめ・結論 ❺したがって、自分がほしい情報について、その発信元は信頼できるかをまずは確認しなければならない。信頼できるかを確認したうえで、自分が必要な情報を選び取っていくのだ。これが今後の情報化社会でのインターネットの利用の仕方だと考える。　(406字)

💬 答案例へのコメント

➡❶：◎　「情報化社会」はさまざまな解釈が可能ですので、用語を自分なりに定義づけたのはよい点です。

➡❷：○　❶で述べた定義にもとづいた主張ができています。

➡❸：◎　主張➡理由の流れをつくることができており、読み手が納得しやすい構成になっています。

➡❹：○　「たとえば」で例示をすることにより、わかりやすい答案に仕上げられてます。

➡❺：◎　この結論は、現代社会に生きる私たちにとって必要であり適切なものだといえます。

💬 全体を通じたコメント

　問題文で述べられている、「情報化社会」のよい点と、その一方にある弊害を認識したうえで書いたことが読み取れます。インターネットは便利だが、それを利用するうえでは取捨選択が必要であると正確に述べられています。また、近年問題となっている「誤った情報の拡散（デマ）」についても言及しており、「情報化社会」の問題点とそれを克服する方策がうまく述べられています。問題文をよく分析した結果といえるでしょう。

キクチからのひと言 ❿　　問題文から解答の方向性が見えてくる

テーマ 42 法　　学

出題例 凶悪犯罪の厳罰化と実名報道について、あなたの考えを400字程度で述べよ。

(愛知学院大学法学部／改題)

あなたの構成メモ

自分で書いてみよう

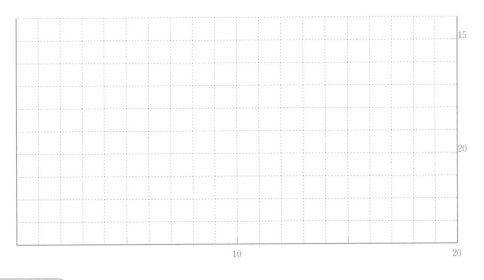

> **構成メモ例**

凶悪犯罪の厳罰化：刑罰によって犯罪を抑制する
　　　　　　　　　↓
　　　　ほんとうに犯罪は防げるか？
　　　　　　　　　↓
　　防げる気もするが、それは「イメージ」の問題
　　　──→ほんとうに防ぐことができるのかを検証する必要
実名報道：❶　知る権利に資する←──→❷　プライバシー権の侵害のおそれ
　　──→両方を比較して考える必要がある

　この問題は、「厳罰化」と「実名報道」のそれぞれについてある程度の知識がないと書きづらいはずです。法学系学部の問題に特有のテーマについては、知識をもったうえで論理的に答案を書くことが求められます。

> **テーマのキーワード**

● 厳罰化：特定の犯罪にたいして、刑罰による対応を重視・強化する方向にあること。厳罰化を支持する人びとは、「悪いことをした人は厳しく処罰されるべきだ」という考えを強くもち、犯罪の社会構造的な原因に思いをめぐらすことは少ないとされる。このような人びとが増えると、それが「世論（世の中の一般的な考え）」を形成し、政策にも厳罰化の方向での対応を促すことになる。

● 実名報道：新聞やテレビなどのマスメディアの報道において、関係者の実名を明示すること。報道機関には「表現の自由」があり、国民には「知る権利」があることから正当化されるべきであるという意見がある。一方で、報道された者のプライバシー侵害や名誉棄損（めいよきそん）につながるという問題点もある。

🕐 合格点まであと一歩の答案例

　近年、社会では凶悪な犯罪が増えており、センセーショナルな報道がなされることも多い。①こういった悲惨な犯罪を見ると、ひじょうにいたたまれない気持ちになる。この気持ちは、犯罪に遭った被害者やその家族においてはどれほど痛切なものだろうか。おそらく、凶悪犯罪の加害者には、その罪を償ってほしいと思うはずだ。②これはどんな人でも感じることであるから、法律もそのように変えるべきである。つまり、③凶悪犯罪にたいしては厳しい罰によって対処するという、社会の強い姿勢を見せることが必要だ。④そうすれば、厳罰化により、犯罪の抑止効果が期待できる。匿名報道(とくめい)も、凶悪犯罪の加害者を守るものであるから撤廃する(てっぱい)べきだ。⑤匿名報道がなくなれば、自分の情報が社会一般に広まってしまうわけだから、それも犯罪を防止することに役立つ。こうして、凶悪犯罪にたいしては毅然(きぜん)とした態度で臨み、厳罰化を進め、匿名報道はなくすべきであると考える。

(395字)

答案例へのコメント

➡①：△　犯罪報道を見たときの自分の気持ちは聞かれていません。個人的な感情の話ではないことを意識しなければなりません。

➡②：✕　「これはどんな人でも感じることである」と断定してしまっていますが、必ずしもそうとはいえないはずです。決めつけている印象を受けます。

➡③：△　「社会の強い姿勢を見せる」とありますが、これはやや感情的です。法律は感情で動くものではありませんので、その点に注意が必要です。

➡④：△　厳罰化が犯罪の抑止効果をもつかどうかには、詳細(しょうさい)な検討が必要です。ここでも断定すべきではありません。

➡⑤：✕　匿名報道がなくなれば犯罪の抑止効果があるかもしれませんが、その弊害もあるはずです。この記述だと、物事を一面的にしか見ていないという印象を受けます。

全体を通じたコメント

　答案全体として、自分の個人的な感情や思いが出てしまっています。これでは、問題にある「厳罰化」や「匿名報道」についての知識をもっておらずそのために自分の思ったことをそのまま書いてしまっている、と思われても仕方がありません。たとえば、法学部を受験するのであれば、法学系の知識は書籍や日ごろのニュースから得ておくこともできるはずです。この答案は、そういった知識がないことを明らかにしてしまっており、たんなる感想文になってしまっています。たしかな知識にもとづいて論述するようにしましょう。

キクチからのひと言 ⑪　　キーワードにかんする知識を蓄えよう

合格点がもらえる答案例

「凶悪犯罪の厳罰化」の定義づけ **①**凶悪犯罪の厳罰化は、刑罰によって犯罪の発生を抑え込むことを意図している。

自分なりの問題提起 **②**しかし、ほんとうに厳罰化によって犯罪は抑え込むことができるのか、詳細な検証が必要だと考える。

問題提起の理由 **③**なぜなら、厳罰化を求めるのは一般市民に多いが、それはセンセーショナルな事件に触発されて世論となって表れることが多く、ほんとうに犯罪の実態をとらえていないことも考えられるからだ。

問題提起への答え **④**そのため、統計的な処理を通じ、犯罪の厳罰化が犯罪の抑止につながるのかを冷静に判断していくべきだと考える。

問題提起へのもう1つの答え また、**⑤**実名報道は、国民の知る権利に資するという点で正当化されることが多い。それはたしかに保障されるべきものだが、かりにその犯罪が冤罪だった場合、無実の罪を着せられた人の社会的な損失は計りしれない。凶悪犯罪ほど報道が過熱する傾向にあり、そのなかで実名報道がなされると、その情報はまたたく間に拡散してしまう。

まとめ・結論 **⑥**犯罪抑止の可否とプライバシー侵害に十分に注意を払った報道の検討が必要だ。

(410字)

答案例へのコメント

➡**①**：◎ 「凶悪犯罪の厳罰化」がどのような意味をもつのかを明確に述べています。

➡**②**：◎ 厳罰化そのものに犯罪を抑え込む効果があるのか、という自分なりの問題提起をしています。こう述べると、自身の問題意識をアピールでき、読み手の目をひきます。

➡**③**：○ 問題提起をした理由を述べることで、説得力のある答案にすることができています。

➡**④**：◎ 社会科学的なアプローチから問題提起にたいする答えの1つに言及しており、法学部受験生にふさわしい論述に仕上がっています。

➡**⑤**：○ 現代社会においてよく問題になる「知る権利」について言及し問題にきちんと答えられています。

➡**⑥**：○ この結論はやや漠然としたものですが、そこにいたる論述が論理立っているので、納得できるものとなっています。

全体を通じたコメント

　凶悪犯罪の厳罰化の意味について、冒頭から明確に述べることができており、好印象です。これは知識がないとなかなか書けないことですので、日ごろから学部に合った知識についてニュースなどで学んでいることが読み取れます。自分なりに問題提起を行ない、それにたいして多面的に答えていることもよい点です。毎日の積み重ねがものをいう問題だったといえるでしょう。

キクチからのひと言 ⑫ ◀ 知識があれば話をふくらませることができる

政 治

頻度 ★★★★☆

出題例 公職選挙法が改正され、選挙年齢が「20歳以上」から「18歳以上」に引き下げられた。民法上の成年年齢を18歳にそろえるかどうかの検討や、飲酒・喫煙の年齢制限の引き下げの是非をめぐる議論も活発化している。高校生として、また、大学入試の受験生として、「成人＝おとな」としての資格や権利、また責任と義務について400字程度で述べよ。

（東北文化学園大学総合政策学部／改題）

➤ あなたの構成メモ

自分で書いてみよう

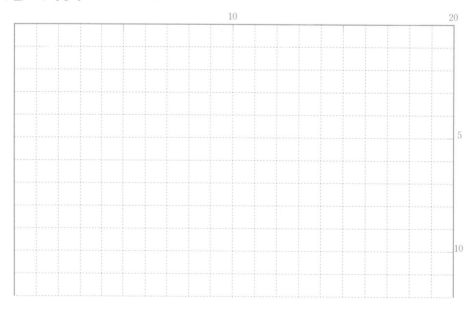

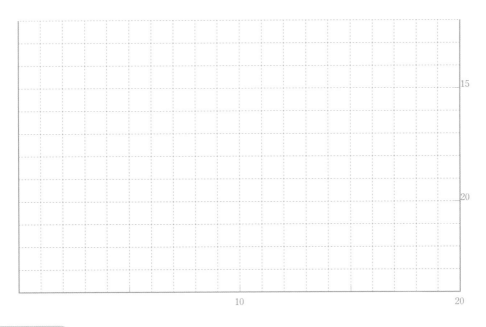

➤ 構成メモ例

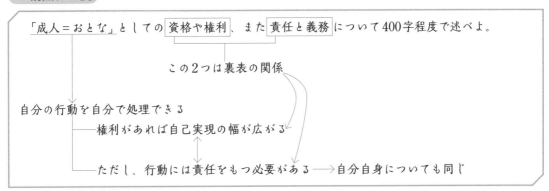

「成人＝おとな」としての 資格や権利 、また 責任と義務 について400字程度で述べよ。

この2つは裏表の関係

自分の行動を自分で処理できる

　　　　権利があれば自己実現の幅が広がる

　　　　ただし、行動には責任をもつ必要がある ──→ 自分自身についても同じ

「成年年齢の引き下げ」は、みなさんにもかかわりのあるテーマですよね。小論文の問題でも、このテーマにかんする問題が数多く出題されています。この問題では、「成人＝おとな」としての「資格や権利」「責任と義務」がキーワードです。こういった、学部に関係するキーワードから答案に結びつけられるかどうかが重要です。

テーマのキーワード

- 成年年齢の引き下げ：日本での成年年齢は民法で定められており、民法改正により、2022年4月1日から、成年年齢が20歳から18歳に変わる。成年に達すると、親の同意を得なくても自分の意思でさまざまな契約ができるようになる。

- 権利と義務：日本国憲法では、「国民の義務」として「子どもに対して普通教育を受けさせる義務」「勤労の義務」「納税の義務」を定めている。権利は多様であるが、一般的に、一定の利益を請求し、主張し、それを受け取ることができる法律上正当に認められた力のことをいう。相手にたいして何かをすることや何かをしないことを求めることができ、相手はそれに従う義務を負う。

● 合格点まであと一歩の答案例

❶現在、日本では公職選挙法が改正され、選挙年齢が「20歳以上」から「18歳以上」に引き下げられた。民法上の成年年齢を18歳にそろえるかどうかの検討や、飲酒・喫煙の年齢制限の引き下げの是非をめぐる議論も活発化している。**❷**こうしたなかで、私たちは「成人＝おとな」として、人前で恥ずかしくない行動をとるよう、つねに気をつける必要があると考える。**❸**成人式の時期になると毎年ニュースで取り上げられるように、成人しているはずの「おとな」の問題行動が目立っている。**❹**このような状況では、日本の社会が暗いと思われても仕方のないことだ。そのため、成人として、だれかに迷惑をかけないことや、社会の一員としてふさわしい行動をとることが求められるはずだ。そうした義務をはたしてはじめて、成人としての権利を得ることができるのだと考える。そのため、たとえ高校生であっても成人であるということを意識しなければならないだろう。

(390字)

答案例へのコメント

➡**❶**：✕　問題文のくり返しになっています。このようなことを書くと、「字数稼ぎ」のために問題文をそのまま写していると思われる可能性があります。

➡**❷**：△　「おとな」が気をつけることについて、精神論になっています。問題をふまえ、「権利」や「義務」について踏み込んだ記述がほしいところです。

➡**❸**：△　たしかに成人式での新成人の問題行動が報道されますが、それは一部の行動にすぎません。それをまるで一般的であるかのように書くのは視野がせまいと思われるでしょう。

➡**❹**：△　「日本の社会が暗いと思われる」ということは、この問題とは直接の関係はありません。自分自身だけの感想は述べないほうが得策です。

全体を通じたコメント

　この問題で問われているのは、「『成人＝おとな』としての資格や権利、また責任と義務」です。この資格や権利と、責任と義務についての関係性を理解していることを示す答案にすべきだったでしょう。この答案例では、「おとな」として心がけるべきことが書いてあるだけで、問題が求めている論点にそって書いているとはいいがたいです。問題が書いてほしいと意図するものを分析すべきでした。

キクチからのひと言 ⓭　　問題文が求めている「論点」を考えよう

✿ 合格点がもらえる答案例

(結論の提示)　❶成人、すなわち「おとな」となるには、自分がとる行動について自分で処理できる能力があることが必要だと考える。

(成人になることの意味)　たしかに、成人はさまざまな契約行為を行なうことができ、成年以前とくらべてできることは格段に広がる。できることが広がることは、成人が多種多様な権利を有していることを示している。❷権利を行使することで、私たちは「おとな」として自己実現の幅がより広くなるのだと考える。

(成人になることがかかえるリスク)　❸一方で、責任と義務が生じることも考えなければならない。自分がとった行動にたいして何も責任を負わないのは成人には許されないことだ。かりにこれを許してしまうと、社会の秩序が乱れてしまうからだ。

(成人にともなうことの説明)　❹また、成人には義務もともなう。ある人が権利を主張するとき、その裏返しとしてほかのだれかに義務が生じることになる。

(自分に置き換えた結論の提示)　❺そしてそれは自分自身に置き換えても同じことだ。今後「おとな」として生きていくなかで、権利には義務がともない、それらを同時にはたしていくことが求められると考える。

(413字)

答案例へのコメント

➡❶：○　「おとな」となるために必要な能力について、自身の主張を的確に述べています。

➡❷：○　問題にそって、「おとな」になるとどうなるかが書けています。

➡❸：◎　権利には責任と義務がともなうことを意識した答案に仕上げられています。これはなかなか書けないことですので、高評価です。

➡❹：○　❸をふまえた説明ができています。

➡❺：◎　問題に「高校生として、また、大学入試の受験生として」とありますので、それをふまえた記述で答案を終わらせることができています。

全体を通じたコメント

　成人となるのに必要なことは何かということを、最初に明示できています。また、「自分の行動について自分で処理できる能力が必要だ」という主張が明確にできています。これは、権利と義務という論点を設定したことにより可能になっています。基本的に権利と義務は裏返しのものですから、その論点を明確にすることで、主張が明確に述べられています。

キクチからのひと言 ⓮　◀　「論点」を明確にすれば主張も明確になる

テーマ 44 経 済

出題例 日本におけるコメの関税撤廃について、賛成または反対のいずれかの立場であなたの考えを400字程度で述べよ。

（獨協大学経済学部／改題）

➤ あなたの構成メモ

自分で書いてみよう

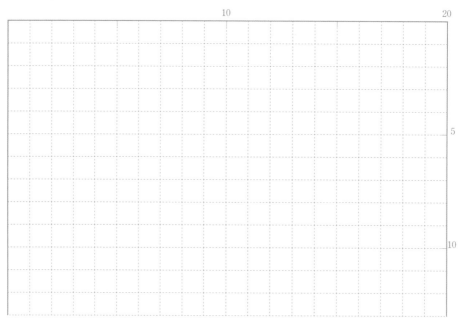

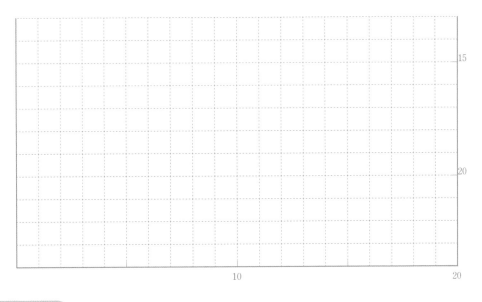

➤ **構成メモ例**

日本におけるコメの関税撤廃
- 賛成
- 反対 → 書きやすそう → コメは日本の主要作物だから撤廃には反対
もし関税が撤廃されると、外国産の安いコメが入ってくる
　　→コメ農家が打撃を受ける
　　　→日本の食料自給率が低下し、問題だ
　　　　←コメは工業製品とは異なるため、関税が必要

「コメの関税撤廃」について、「賛成か反対か」を求められているため、まずはそれを表明していきます。そのあとに、表明した立場についての理由および説明をしていきます。経済についての知識も要する問題です。

テーマのキーワード

● 関税：一般に「輸入品に課される税」として定義されている。かつては、国家の財源として重要な位置を占めていた。国家間の経済交流が活発化し、貨幣経済が浸透する一方、国家の財政規模が巨大になって国家の徴収体制が整備されるのにともない、財源調達手段としての関税の意義は相対的に小さくなっている。しかし、厳しい財政事情のもとでこれを適正に確保することが重要になっている。また、関税が課せられると、そのぶんだけコストが増加し、外国産品の国産品にたいする競争力が低下することから、関税の国内産業保護という機能が生まれる。現在では、この産業保護が重要な関税の機能となっている。

● 日本の農業政策：国は、「産業政策」と「地域政策」を車の両輪として推進し、将来にわたって食料を安定的に供給して食料自給率の向上と食料安全保障を確立することを国はめざしている。具体的には、「食料の安定供給の確保」「農業の持続的発展」「農村の振興」などが挙げられる。

⊘ 合格点まであと一歩の答案例

　❶コメは、日本社会にとって重要な資源の1つである。❷日本はもともと資源に乏しく、と くに石油や石炭といった化石燃料はほとんどが他国からの輸入に頼っている。食料について も同じことがいえる。食料のほとんどが他国から輸入されており、日本の食料自給率は下が るばかりだ。したがって、日本の食料自給率を維持、向上させるためにも、日本産のコメは守っ ていかなければならない。❸そのため、私たちは日本のコメを生産する農家が安心してコメを 作ることができるように配慮していくべきだ。安心してコメを生産するためには、外国産の 安いコメが、日本産のコメを圧倒することがないようにすることが求められる。外国産のコ メが安いまま市場に入ってきてしまうと、相対的に価格の高い日本産のコメは売れなくなっ てしまうからだ。外国産のコメにたいして関税をかけることは、日本産のコメを守るために 必要なことであると考える。

(382字)

答案例へのコメント

➡❶：△　論点としては正しいのですが、これを冒頭に書くと、問題に正しく答えられていないと いう印象を受けます。問題が聞いていることを最初に書いたほうがよかったでしょう。

➡❷：✕　化石燃料の話は、この問題とは関係がありません。一般論としては正しいのですが、こ の答案上では意味のない記述です。

➡❸：△　農家に配慮していくべきであるという記述が主張になっているように読めますが、これ は問題に対応していません。あくまでも「コメの関税撤廃に賛成か反対か」という点を主張 の中心におかなければなりません。

全体を通じたコメント

「コメの関税撤廃」についての自身の立場を明らかにしないまま、コメの重要性について述べる答案になっ てしまっています。もっともらしいことを書いていますが、ほんとうに重要なのはコメの関税撤廃にたい してどう考えるかということです。それを明らかにしないまま答案が進んでいってしまっているため、読 み手からすれば評価しづらい答案になってしまっています。

キクチからのひと言 ⑮　「賛成か反対か」のときには、まず自分の立場を明確にしよう

⊛ 合格点がもらえる答案例

「コメの関税撤廃」にたいする結論の提示 ❶日本におけるコメの関税の撤廃には反対だ。❷なぜなら、コメは日本の主要な作物であり、日本の食料自給率を維持するために不可欠だからだ。

関税を撤廃したときの問題点 ❸もしコメの関税を撤廃してしまうと、外国産の安価なコメが日本国内に流通し、相対的に価格の高い日本産のコメが売れなくなるおそれがある。国内の農家は大打撃を受けるだろう。その結果として、農家の廃業が相次ぎ、農村の荒廃にもつながる。

関税の撤廃が日本にもたらす影響 ❹こうなると、ただでさえ低いままの日本の食料自給率がより下がってしまう。これは日本国民の食料安全保障上においても重大な問題である。

自分の主張にたいする反論の検討 ❺たしかに、関税を撤廃することは国際的な自由貿易に資するものである。これは日本の工業製品にはあてはまるだろう。しかし、食料にかんしていえば、まずは国民の生活が脅(おびや)かされないことを考えるのが重要だ。

結論 ❻したがって、他の製品では関税の撤廃は許容されるものであるとしても、コメの関税の撤廃はされるべきではないと考える。

(392字)

答案例へのコメント

➡❶：○　自分の立場を明確に表明できています。

➡❷：◎　表明した立場にたいする理由を、納得できるかたちで述べることができています。

➡❸：◎　関税撤廃に反対するのであれば、関税を撤廃した場合のデメリットを挙げることが最も説得力のある理由になります。その点を述べられており、高評価です。

➡❹：◎　日本の現状をふまえた記述ができています。「食料安全保障」というキーワードを使えている点も高評価の対象です。

➡❺：○　譲歩構文を用いて関税を撤廃するメリットも挙げつつ、それはコメにはあてはまらないということが述べられています。

➡❻：○　これまでの議論をふまえた結論を簡潔に述べています。

全体を通じたコメント

　答案の第1文でコメの関税撤廃について反対であるという自分の主張を明確にしています。さらに、「なぜなら」と理由を続けることで、自分の主張を論理的に述べることができています。基本的に主張には理由があると納得しやすくなります。この姿勢を徹底すると、答案全体も筋道だったものになります。主張と理由で始まることで、論理的な答案にすることができています。

キクチからのひと言 ⑯　主張を明確にして、理由づけを確実にしよう

テーマ 45 経　営

頻度 ★★★☆☆

出題例 ．．近年、飲食、介護、教育など国内サービス産業において人手不足が深刻な問題となっている。具体的な産業を取り上げ、人手不足が企業経営に及ぼす影響と、人手不足という問題を解消するための対策にかんして、あなたの考えを400字程度で述べよ。

（愛知工業大学経営学部経営学科／改題）

➤ **あなたの構成メモ**

自分で書いてみよう

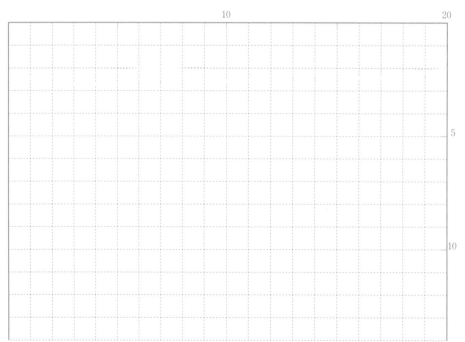

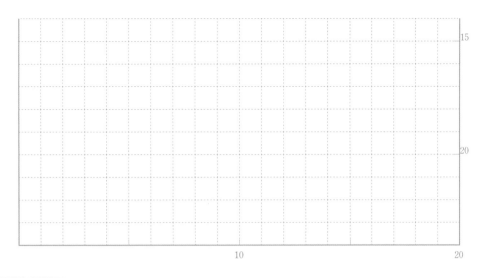

➤ **構成メモ例**

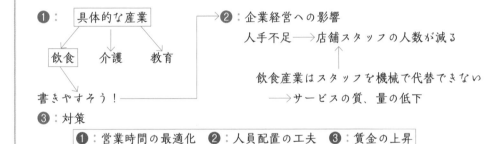

①具体的な産業を取り上げ、②人手不足が企業経営に及ぼす影響と、**③人手不足という問題を解消するための対策**にかんして、あなたの考えを400字程度で述べよ。

① ： 具体的な産業

　　　飲食　　介護　　教育

　書きやすそう！

③ ： 対策

② ： 企業経営への影響

　　人手不足 ── 店舗スタッフの人数が減る

　　飲食産業はスタッフを機械で代替できない
　　　── サービスの質、量の低下

　　①：営業時間の最適化　②：人員配置の工夫　③：賃金の上昇

「人手不足」は、少子高齢化が進む日本社会において、近年深刻な問題になっています。とりわけ、機械では代替できない産業にとっては痛手になります。こういったことを日ごろの新聞などの報道から得られているかどうかが、答案を書けるかどうかの分かれ目となるでしょう。

テーマのキーワード

● 日本の産業構造：産業構造は、基本的に「第一次産業」「第二次産業」「第三次産業」に大別される。昭和30年以降の統計では、第一次産業は大幅に減少、第二次産業は増加傾向から減少に転じ、第三次産業は一貫して上昇傾向にある。第一次産業は農業・林業・水産業のことをさす。自然から直接資源を採取する産業と考えるとよい。第二次産業は、鉱工業・製造業・建設業などが属す。自然から採取した資源を加工することで財を生産する。第三次産業は、目に見えないサービスや情報などの生産を行なう産業のこと。金融・保険・卸売・小売・サービス業、情報通信業などがこれにあたる。

● 人手不足：現代では、建設業、小売業や、飲食店・飲食サービス業、介護事業などが働き手が求人より少ない「人手不足」といわれる。その要因は、少子高齢化による労働者の高齢化、人口減少による労働者の減少、労働条件への要求の高度化、非正規雇用の増加、若者の離職率の上昇などである。

❶ 合格点まであと一歩の答案例

　❶人手不足が深刻な産業として金融業を取り上げる。金融業は、私たちの日常生活や、企業の資金調達に必要不可欠なお金を扱っている。その金融機関が人手不足に陥ってしまうと、それぞれの家庭や企業にお金や資金を行きわたらせることが困難になってしまう。❷そのため、現代日本において、金融業の人手不足は回避しなければならない問題である。金融業はそこで働く人びとの労働力に依存する産業であり、ロボットやAIがとって代わることのできないものである。金融業における人手不足は、金融機関の経営に直接的な被害をもたらしてしまう。❸金融業の人手不足を解消するためには、新たに学校を卒業した人びとの採用人数を増やしつづけることが重要だ。採用人数を増やすことで、その金融機関で働く人びとの数が増える。❹金融機関などで働きたいと考える人びとは多いため、間口を広げれば入ってくる人数も増加するはずだ。それにより、金融業の人手不足を解消できると考える。　　　　　　　　（402字）

答案例へのコメント

➡❶：✕　そもそも金融業は人手不足が深刻であるというわけではありません。むしろ、人員過剰といわれることもあります。具体例の設定に誤りがあります。

➡❷：△　金融業の人手不足がほんとうに問題になっているのかどうかを検討しないまま、それを解決すべきだと述べています。これでは、主張が独りよがりなものになってしまいます。

➡❸：△　かりに金融業で人手不足を解決すべきだとしても、この対策は単純すぎます。新規に採用するにも資金や労力がかかります。現実的でない解決策は書くべきではありません。

➡❹：△　金融機関などで働きたい人びとが多いため間口を広げればよいという記述は、問題の複雑さを理解していないものです。また、たんに人数が増えればよいというものではありません。

全体を通じたコメント

　そもそも、金融業は「人手不足」が深刻な産業の例として取り上げづらいでしょう。新卒採用でも金融業は人気のある業界ですから、人手不足とは関係のないものだと思われます。逆に、AIなどの導入により人員削減を進めているくらいですから、この問題の例としては不適切でした。具体例が問題に合わないため、全体として答案が問題と整合性のとれないものとなってしまっています。

キクチからのひと言 ⑰　具体例が問題に合うかどうかをよく考えよう

😊 合格点がもらえる答案例

[結論を先に提示する] ❶飲食産業について、人手不足が企業経営に与える影響は、実際の店舗においてサービスを提供する人びとの数が減ることにより、結果として企業の経営を脅かすものであると考える。

[具体例の提示] ❷サービス産業の1つである飲食産業は、機械では代わりがきかない部分を人間が担っている。とりわけ、接客業務は現在も機械では行なうことができない。こういった構造のなかで、人手が不足することは接客をする人びとの数が減少することに直結する。

[具体例における問題点] ❸そうなると、企業が提供できるサービスの質やそもそもの量が低下してしまうことが考えられる。これは企業収益にとって痛手である。

[対策を提示] ❹この対策として、来店者数の少ない時間帯の営業時間の短縮、また適正な人員配置、そして何より賃金が上昇することが望まれる。来店者の少ない時間帯に人員を配置することをやめてめりはりをつけた配置を行ない、生産性を上げる。それと同時に、従事者の賃金を上げることで、人手不足は解消されると考える。

(400字)

答案例へのコメント

➡❶：◎ この問題では、「具体的な産業を取り上げ」とありますので、それを最初に挙げられています。例としても的確です。これにより、あとの展開が明快になります。

➡❷：○ 飲食産業の現状や背景を正確に理解していることがうかがえる部分です。研究がよくできています。

➡❸：◎ 飲食産業での人手不足が企業にとってどのような問題を起こすのかが書かれています。経営学部の小論文としてふさわしいものになっています。

➡❹：○ 人手不足対策として適切です。

全体を通じたコメント

　問題が「具体例」を求めているのに応じて、それに即したものを冒頭に挙げているのが高評価となります。まずは問題が求めていることに的確に答えられているかどうかが勝負ですので、こういった点は重要です。また、具体例として挙げた「飲食産業」について、機械では替えがきかないことをもとにして論を展開しています。そして、人手不足への対策を簡潔に述べることができています。全体として、具体例をもとにした論展開がうまくいっている答案といえるでしょう。

キクチからのひと言 ⑱ 具体例をもとに論を発展させよう

テーマ
46 社　　会

出題例　日本における少子化にたいして、1990年以降、出生率を上げるためのさまざまな取り組みがなされてきたが、なかなか十分な成果を上げているとはいえない。少子化が進むことは、なぜ、問題視されるのか。また、少子化を食い止めるためにいろいろな施策がとられているにもかかわらず、なかなか成果が上がらないのは、なぜだろうか。あなたの考えを400字程度で述べよ。

（昭和女子大学人間社会学部初等教育学科／改題）

あなたの構成メモ

自分で書いてみよう

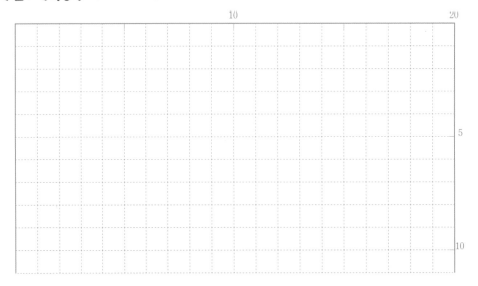

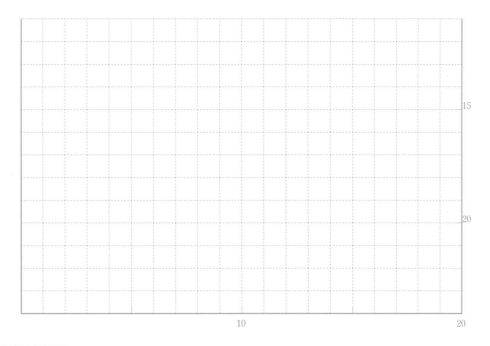

➤ **構成メモ例**

❶少子化が進むことは、なぜ、問題視されるのか。／また、少子化を食い止めるためにいろいろな施策がとられているにもかかわらず、なかなか❷成果が上がらないのは、なぜだろうか。

- ❶：少子化はなぜ問題か
    - ⟶少子化が進むと、生産年齢人口が減る
    - ⟶国内総生産の減少・医療制度などの崩壊
    - ⟶社会構造が変わり、システムが破綻（はたん）する
- ❷：なぜ成果が上がらないか

  ⟶ 社会制度／個人の考え方 に問題がある ⟶ 出産育児に十分な保障がない／男女分業という意識

「少子化」の問題は、小論文において最も出題されやすいもののうちの1つといえるでしょう。少子化についての知識は必須です。また、この問題では「施策がうまくいかない理由」が問われているので、これにたいして社会背景などを考察する必要が出てきます。

 **テーマのキーワード**

- **少子化**：出生率の低下や、それにともなう家庭や社会における子ども数の低下傾向のこと。少子化の原因は、「未婚化の進展」および「晩婚化の進展」「夫婦の出生力の低下」であるとされる。その背景としては、「仕事と子育てを両立できる環境整備の遅れや高学歴化」「結婚・出産にたいする価値観の変化」「子育てにたいする負担感の増大」および「経済的不安定の増大等」が挙げられる。
- **出生率**：少子化について論じるときには、「合計特殊出生率（ごうけいとくしゅしゅっしょうりつ）」のことが中心となる。合計特殊出生率は「15 〜 49 歳までの女性の年齢別出生率を合計したもの」で、1人の女性がその年齢別出生率で一生のあいだに産むとしたときの子どもの数に相当する。

🔼 合格点まであと一歩の答案例

❶少子化が進むと社会から活気がなくなってしまうのが少子化の問題点である。私たちの社会はさまざまな年齢の人びとで構成されている。❷なかでも、いちばん可能性に満ちているのは子どもたちのはずだ。❸そのような、社会に希望を与えてくれる子どもたちの人数が減っていくと、社会がもつエネルギーもなくなってしまうだろう。社会のもつエネルギーの低下は、国力がなくなることにもつながるため、未然に防がなければならない。❹少子化にたいしてさまざまな対策がとられているにもかかわらず十分な効果があがっていないのは、社会一般の理解を得られていないからだと考える。少子化の問題点を政府が認識していても、それが国民一般に伝わっていなければ、社会全体が問題に取り組んでいくことは難しい。少子化にはできることが多くあるのに対策が進まないのは、社会一般の認知が進まないためだ。❺そのため、政府は今後も国民への啓発活動を行ない、さらに強化していくべきだと考える。　　(407字)

答案例へのコメント

➡❶：△　「社会から活気がなくなる」というのは、抽象的で主観的な感情論です。これは論理的でもないため、小論文の答案には適していません。

➡❷：△　これも❶と同様に主観的な断定で、客観性がありません。

➡❸：△　「子どもたちの人数が減ること」を「国力がなくなること」につなぐのは無理があります。

➡❹：✕　ほんとうに社会一般の理解は得られていないのでしょうか。むしろ、国民の多くが認識しており、それでも解決できないからこそ、大きな問題だといえるのではないでしょうか。

➡❺：△　たしかに少子化の対策は政府が行なうことですが、それが「啓発活動」にとどまっているのは視野がせまいといえるでしょう。ほかにもできることはあるはずです。

全体を通じたコメント

　　少子化の問題点について、「社会から活気がなくなること」という抽象的な感情論になっているのが残念です。毎日のニュースや、学校で学習する公民分野の科目にアンテナを張っていれば、少子化問題についての知識は容易に得られるはずです。また、この答案では少子化の対策が効果をあげられないのが「社会一般の理解を得られないから」としていますが、実際はそうではないはずです。むしろ、理解はされているが問題解決のために動きにくいという課題があるのが少子化の問題といえるでしょう。

キクチからのひと言 ⑲　　現代社会の諸問題にかんする知識はもっておこう

✿ 合格点がもらえる答案例

少子化の問題点を明示する ❶少子化が問題視されるのは、将来的な社会構造が現在のものから変容し、社会システムの破綻（はたん）をもたらしかねないからだ。

少子化についての現状分析 ❷このまま少子化が進めば、現状よりも生産年齢人口が減少し、それと同時に高齢者の人口が増大する。こうしたいびつな人口構造は、社会システムにおいて、たとえば医療制度や年金制度などに悪影響を及ぼす。

現状分析をさらに展開 また、❸生産年齢人口の減少は国内総生産の減少をもたらし、日本の経済システムも機能不全に陥るおそれがある。

対策がうまくいかない理由 ❹こういった少子化問題に対策がとられているのにもかかわらず解決にいたっていないのは、社会制度の面と、個々人の考え方の面の影響が大きいと考える。

対策がうまくいかない理由の具体化 ❺日本の社会制度は、出産・育児をする家庭にたいして、ほかの先進諸国とくらべて十分な保障をしているとはいえない。また、❻女性と男性の分業という意識が根強く残っている環境では、少子化問題への理解も進まない。

まとめ・結論 こうした2つの面から、少子化問題が解決されないのだと考える。 (400字)

答案例へのコメント

➡❶：○ 問題の指示にそって、少子化の問題点を端的に述べることができています。

➡❷：○ 少子化が進んだ場合の問題点をとらえています。

➡❸：○ 日本の経済システムにまで踏み込んで言及している点は洞察が深く、評価できます。

➡❹：◎ 少子化問題への対策がうまくいかない理由を、社会制度の面（＝大きな視点）と、個々人の考え方の面（＝小さな視点）の両方でとらえているのは高評価です。

➡❺：○ ❹の社会制度の面を他の国とくらべて述べており、広い視野をもっていることが示せています。

➡❻：○ ❹の個々人の考え方の面で、現状分析ができています。

全体を通じたコメント

　この問題では、「少子化の問題点」と「少子化対策がうまくいかない理由」について問われています。少子化が社会にもたらす影響は多くの分野にわたります。答案では、少子化の影響が、社会システムと経済システムに及ぶことを書いており、広い視野をもっていることをアピールできています。また、対策がうまくいかない理由も、社会制度の面と個々人の考え方の面という「大きな視点」と「小さな視点」で書くことができています。幅広い知識をもっていれば、このような答案を書くことも可能になります。

キクチからのひと言 ⑳ 　幅広い知識は論述のカギとなる

テーマ 47 工 学

頻度 ★★★☆☆

出題例.. 近年、あらゆるモノ（機器）に通信機能をもたせ、インターネットを通じて計測・制御・情報の収集・分析が可能なIoT（Internet of Things：モノのインターネット）技術が注目されている。IoT技術の例として、人と自然な会話ができる無線通信機能をもったロボットを玩具メーカーと携帯電話会社が共同開発を行なっている。このようなインターネットにつながったロボットあるいは技術が、今後私たちの生活にどのような影響を与えるのか、あなたの考えを400字程度で述べよ。

（大同大学工学部／改題）

> **あなたの構成メモ**

自分で書いてみよう

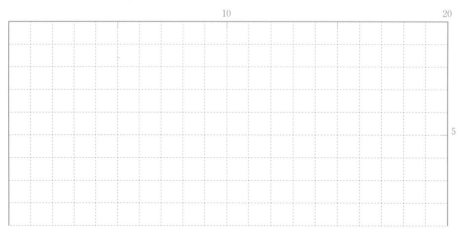

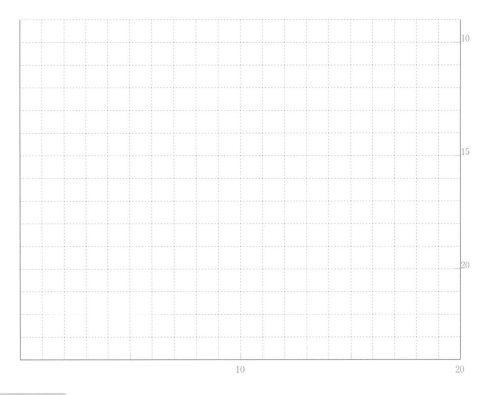

➢ 構成メモ例

インターネットにつながったロボットあるいは技術が、今後私たちの生活に<u>どのような影響</u>を与えるのか

● どのような影響 ── よい影響：生活の利便性が高まる

　　　　　　　　　　例：外出先でも家のようすがわかる・家にいても情報が得られる

　　　　　　　　よくない影響：個人情報が把握され悪用されるおそれがある

　　　　　　　　　　例：プラットフォーマーが私たちの生活を観察できる

● だから：インターネットについて多面的に考えながら生活する必要がある

いかにも工学部らしい出題です。<u>IoT</u> は近年の小論文では頻出のテーマであり、工学部の受験者としては必須のテーマといえます。IoTがどのような影響を与えるのか、<u>よい面だけを挙げず弊害も述べる</u>と、深みのある答案に仕上がります。

テーマのキーワード

● **IoT**：パソコン以外でインターネットに接続が可能な機器のこと。さまざまなモノ、機械、人間の行動や自然現象は膨大な情報を生成しており、これらの情報をセンサーにより収集して可視化することができればさまざまな問題が解決できる。平成以降は、携帯電話とインターネットが広く普及している。

● **ICT**：アメリカなどの大企業に代表される**デジタル・プラットフォーマー**は、個人・企業の時間・場所・規模の制約を超えた活動を可能にしており、グローバルな規模でデジタルを基礎とした経済そのものを機能させる舞台を提供した。インターネット上のデータの収集・利用によりさらに成長した。

❶ 合格点まであと一歩の答案例

インターネットにつながったロボットや技術は、今後の私たちの生活によい影響を与えると考える。これまで、家電製品などの身の回りの製品は、インターネットとつながることなく、たんなる道具として扱われていた。①コンセントにつなぎ充電するだけで使えるのは便利な反面、どこか物足りなさを感じる。今日、科学技術は日進月歩で進歩しており、インターネットも例外ではない。むしろ、インターネットの世界ほど急激な速さで進んでいるものはないだろう。パソコンやスマートフォンを使えば、インターネットを通じたさまざまなサービスを利用することができる。こうしたサービスにより私たちの生活はより豊かなものになってきた。こうした②インターネットの利便性を身の回りの製品にも応用することにより、生活はずっとスマートなものになるだろう。③家電の使用状況を記録して省エネに役立てるなど、さまざまな恩恵を私たちは受けることができるはずだ。

(394字)

答案例へのコメント

➡❶：△　「物足りなさを感じる」のはこの解答者だけかもしれません。このような、社会一般に受け入れられるとは限らない主観的なことは書くべきではありません。

➡❷：△　インターネットの利便性を応用することでどのような生活が可能になるのかがあいまいなままに終わっています。より具体性をもたせるべきです。

➡❸：△　恩恵の例として挙げるにはやや貧弱です。省エネ以外にも役立つ場面はあるはずですので、それを加えて書いたほうがよいでしょう。

全体を通じたコメント

インターネットとつながっていない製品が「物足りない」とありますが、これは個人の主観であり、小論文にはふさわしくありません。また、IoTの「恩恵」のみを述べており、一面的な見方しかできていないという印象を受けます。IoTにはさまざまな面がありますから、それを理解するとともに、物事を多面的に見ることが重要です。まずは近年よく使われるキーワードを積極的に調べるようにしましょう。

キクチからのひと言 ㉑　現代社会に即したキーワードを蓄えておこう

⚛ 合格点がもらえる答案例

[結論を先に提示する] ❶インターネットにつながったロボット、あるいは技術は、私たちの生活によい影響とよくない影響を与えうると考える。

[「よい影響」の説明] ❷よい影響とは、あらゆるものがインターネットとつながることで生活の利便性が高まることだ。たとえば、家電や住居そのものがインターネットとつながれば、外出先から家の状況を確認するなど、私たちの生活の安全安心に資する。また、家にいながらにして瞬時に情報を得ることができるため、日々の生活の質も高まるだろう。

[「よくない影響」の説明] 一方、❸よくない影響とは、私たちの個人情報が、巨大なプラットフォーマーに把握され、悪用されるおそれがあるということだ。身の回りのものがインターネットにつながると、プラットフォーマーは私たちの生活のようすを観察することが可能になる。これが悪用されれば、予期せぬ被害にあうことにもつながりかねない。

[まとめ・結論] したがって、❹私たちはインターネットの影響について多面的に考えながら生活していくことが求められるだろう。

(400字)

答案例へのコメント

➡❶：○ 最初にIoTが「よい影響」と「よくない影響」を与えることを示し、読み手が内容を予測しやすくしています。

➡❷：◎ 「よい影響」として、生活の利便性が高まることを挙げています。具体例も納得できるものです。

➡❸：◎ 「よくない影響」として、「プラットフォーマーによる悪用」を挙げています。この論点は、毎日流れるニュースなどから得られる情報ですので、日ごろからアンテナを張っていることがうかがえます。

➡❹：○ まとめとして、インターネットがさまざまな面をもつことを示し、うまく結論づけています。

全体を通じたコメント

「インターネットにつながったロボットあるいは技術は、私たちの生活によい影響とよくない影響をもたらす」という自分なりの結論を明示し、それに従って論を展開しています。

この問題は、「IoT」について知らなければなかなか書きづらいはずです。また、毎日流れるニュースに注意を払っておかないと、こういった時事的なテーマにはついていけません。この点で、答案例では日ごろのニュースもこまめに見ていることが見てとれます。

キクチからのひと言 22 　日ごろのニュースにもアンテナを張ろう

テーマ 48 理　　学

出題例　安全安心をめざした食料生産について400字程度で述べよ。

（酪農学園大学農食環境学群循環農学類／改題）

➤ あなたの構成メモ

自分で書いてみよう

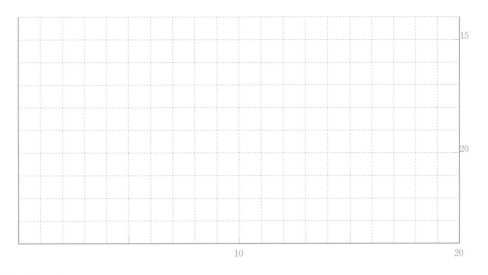

> **構成メモ例**

安全安心をめざした食料生産──→国全体が取り組まなければならない

　　なぜなら：食料は人間の生活に必要不可欠だから
　　しかし：日本の食料生産は厳しい状況
　　　例❶：食料自給率が低い　❷：世界の食料生産も見通せない
　　　　　──→食料安全保障の観点から、自国での生産が必要
　　　　　　　輸入ルートの確立が必要
　　　　──→そのために：さまざまな主体による食料生産主体の確保、輸入先の多様化、備蓄

　短い問題文ですが、<u>キーワード</u>は「<u>安全安心</u>」です。「食料生産」における「安全安心」とは何か、というところがポイントです。また、<u>日本の食料生産の現状を把握しているかどうか</u>ということも合否を分ける点になるでしょう。

テーマのキーワード

● **日本の食料自給率**：平成30年の食料自給率は、カロリーベースで37％、生産額ベースで66％となっている。自給率の高いコメの消費が減少し、飼料や原料を海外に依存している畜産物や油脂類の消費量が増えてきたことから長期的に低下傾向で推移してきたが、カロリーベースでは近年横ばい傾向で推移している。

● **食料安全保障**：食料は人間の生命の維持に欠くことができないものであるだけでなく、健康で充実した生活の基礎として重要なものである。すべての国民が、将来にわたって良質な食料を合理的な価格で入手できるようにすることは国の基本的な責務であり、これを「食料安全保障」とよぶ。食料安全保障には、「食料安全保障に係る状況の把握」「平時からの安定供給の確保・向上」「不測時の対応」が必要とされている。

✪ 合格点まであと一歩の答案例

　安全安心をめざした食料生産とは、国民が毎日の食事に困ることがなく、そして将来にわたっても食料の不安なく暮らせるような量と質をもった食料を生産することだと考える。日本に住む私たちは、一見、食料に困っているようには思えない生活を送っている。食料品店やコンビニエンスストアに行けば大量の食料が売られている。この状況を見ると、日本に住む人びとはきょうやあすの食料に困るということは考えにくい。❶<u>現状の食料生産ができれば、安全で安心な食生活を送ることは可能</u>だろう。しかし、かりに食料生産がとどこおる事態が起これば、日本は大きな混乱に巻き込まれる。食料は毎日の生活に欠かせないものだ。それがなくなってしまっては、生活の基盤が崩れてしまうし、毎日の社会生活にも支障が出てくる。そのため、私たちは安全安心な食料生産を維持するために努力する必要がある。❷<u>日常生活においても、食品ロスに気をつけ、健全な食生活を送らなければならない。</u>

(404字)

💬 答案例へのコメント

➡❶：✕　日本の食料生産は、日本の国民の需要に応えられる状況ではありません。食料自給率は低い状態にとどまっています。これは学校の教科書にも掲載されているレベルの知識です。食料生産が現状のままであれば安全で安心な食生活を送ることが可能だと書いてしまうと、現状認識ができていないと判断されてしまいます。

➡❷：△　問題のテーマは「食料生産」ですが、その結論を私たちの日常生活レベルのことで終わらせてしまっており、テーマと一致していません。食料生産は、日本という国家全体にかかわる問題です。そのため、日本としてどのような対応をすべきなのかを論述する必要があります。

💬 全体を通じたコメント

「安全安心をめざした食料生産について」という短い問題文ですが、そこから自分なりに考えを発展させることができていません。<u>たんに、「安全安心な食料生産」という言葉から自分が考えたことを書いた表面的なものにとどまってしまっています。</u>「食料生産」について、「安全安心」をめざすためにはどうするのか、そもそも日本の食料生産の現状はどうなっているのか、そういったことにまで<u>答案の内容を発展させると、よりよい小論文となったでしょう。</u>

キクチからのひと言 ㉓　問題文が短い場合には、そこから発展させるようにしよう

合格点がもらえる答案例

結論を先に提示する ❶安全安心をめざした食料生産には、国家を挙げて取り組む必要がある。❷食料は、人が生きていくなかで必要不可欠なものであり、その健康な生活の基礎であるからだ。

日本の現状分析 ❸現在の日本の食料生産を取り巻く状況はひじょうに厳しい。日本の食料自給率は他国とくらべても低く、食料の多くを輸入に頼っているのが現状である。世界に目を向けても、全地球的な気候変動の影響により、将来の食料生産の見通しは明るくない。

現状分析をふまえた自分なりの認識を示す ❹そのなかで、日本は食料安全保障の観点から、できるだけ自国で食料を生産することが必要だ。生産が不可能なものについては、他国との連携を緊密にとり、確固たる輸入ルートを確立しなければならない。これは、官民が一丸となって取り組まなければならない問題だ。

具体的な方策の提示 ❺方策として、規制緩和による多様な食料生産主体の確保、また外交努力による食料の輸入先の多様化、あるいは非常時に備えた備蓄が必要だ。これらを通じて、国民にとって安全安心な食料生産が可能になると考える。

(406字)

答案例へのコメント

➡❶：○ 「食料生産」にたいする自分の立場を明確にできています。

➡❷：◎ 「安全安心」がキーワードであることを意識して、「食料」がどういった意味で重要なのかが明らかにできています。

➡❸：◎ 日本の食料生産をめぐる状況を簡潔に示し、現状分析ができています。

➡❹：◎ 「食料安全保障」という観点から述べることにより、国家という大きな視点で考えることができており、視野が広いことをアピールできています。

➡❺：○ 具体的な方策を述べ、「安全安心な食料生産」につなぐことで、きれいに結論を締めくくることができています。

全体を通じたコメント

　今回の問題文はたったの1文で、かなり短いものでした。それでも、答案例では、問題文にある「安全安心」そして「食料生産」というキーワードから考えを発展させることができています。また、キーワードをふまえたうえで日本の現状分析をしている点で、客観的に物事を見ることができていると評価されるでしょう。さらに、現状認識を下敷きにして自分なりの認識と具体的な方策を挙げており、展開がうまくいっていると考えられます。

キクチからのひと言 ㉔　問題文から連想したキーワードをつないでいこう

テーマ49 薬学

頻度 ★★☆☆☆

出題例 著名人が覚せい剤や危険ドラッグの使用で逮捕されるなど、薬物の乱用が社会問題となっている。薬物の乱用はなぜ危険なのか、そして薬物の乱用を社会からなくすためにはどうすべきか、あなたの考えを400字程度で述べよ。

(富山大学薬学部／改題)

➢ あなたの構成メモ

自分で書いてみよう

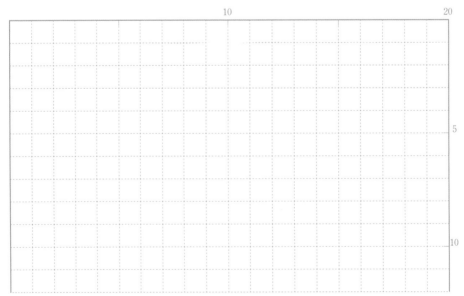

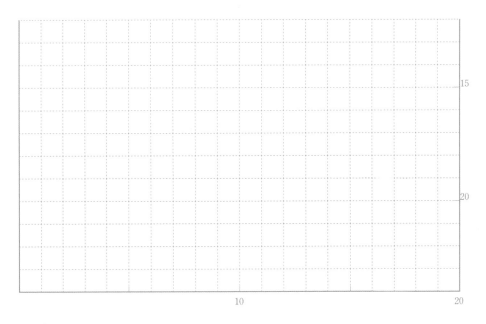

> **構成メモ例**

薬物の乱用は なぜ危険なのか 、／そして薬物の乱用を社会からなくすためには どうすべきか

◉ なぜ危険なのか
　　❶：強い依存性がある　　❷：乱用した者による犯罪が起きる可能性がある
◉ 薬物の乱用を社会からなくすためにはどうすべきか
　　❶：子どものころからの指導の徹底　　❷：乱用した者へのサポート体制の整備
　　❸：流通経路を絶つ　　❹：検疫による水際対策

　薬物乱用については、学校でも講習があるでしょうし、政府による啓発活動もあるため、まったくなじみのないテーマというわけではないと思います。しかし、比較的だれもが書きやすいテーマであるため、そのなかでどれだけ抜きん出た答案に仕上げられるかが勝負となるでしょう。

テーマのキーワード

◉ 薬物乱用：薬物を社会的規範から逸脱した目的や方法で使うことを「薬物乱用」といい、1回使用しても「乱用」といわれる。乱用される薬物に共通する特徴は、脳に作用し、依存を引き起こすという性質である。こうした薬物の乱用は、健康に重大な影響を及ぼし、さらに社会にも大きな影響を与える。
◉ 薬物乱用の防止：薬物乱用の防止では、政府は次の5つの目標をかかげている。
　❶　青少年を中心とした広報・啓発を通じた国民全体の規範意識の向上による薬物乱用未然防止
　❷　薬物乱用者に対する適切な治療と効果的な社会復帰支援による再乱用防止
　❸　薬物密売組織の壊滅、末端乱用者に対する取締りの徹底及び多様化する乱用薬物等に対する迅速な対応による薬物の流通阻止
　❹　水際対策の徹底による薬物の密輸入阻止
　❺　国際社会の一員としての国際連携・協力を通じた薬物乱用防止

● 合格点まであと一歩の答案例

　薬物乱用はひじょうに危険なものだ。一度薬物を使用するだけで「薬物乱用」とみなされてしまう。そこまで厳しく規制しなければならないほど、薬物は危険性を有している。具体的には、薬物を乱用すると、心身ともにさまざまな影響が出てくる。それが原因で、最悪の場合は死にいたることもあれば、他人に危害を加えるような結果になることもある。薬物を規制しなければならないのは、そのような危険性があるからである。このような薬物にたいして、私たちは、けっして手を出さないように注意しておく必要がある。薬物は、さまざまなルートで身近なところに潜んでいる。薬物の売人が、その正体を隠して、言葉巧みに誘ってくる場合もある。①私たちは、そうした危険性をよく知り対応しなければならない。かりに親しい人から誘われても毅然とした態度で断り、情に流されないことが必要だ。こうして、②自分の身は自分で守るようにしなければならないと考える。

(395字)

答案例へのコメント

➡**①**：△　薬物の乱用は、個人レベルの問題ではなく、社会全体にかかわる問題です。危険な薬物が社会に広まってしまうと、社会が機能不全に陥ってしまうでしょう。それを、「情に流されないことが必要」というように個人の心がけにとどめてしまっているのが惜しい点です。

➡**②**：△　問題が求めているのは、薬物乱用を社会からなくすためにはどうするかということです。したがって、自分の身は自分で守るというようなことだけではなく、社会のシステムとしてどのように薬物乱用をなくしていくかを考えていくべきでした。

全体を通じたコメント

　薬物乱用について、前半部分で正しい知識にもとづいて書くことができていただけに、後半で個人の問題であると限定してしまっているのが惜しい点です。

　問題が求めていることには、社会から薬物乱用をなくすにはどうするか、ということも含まれています。そのため、「社会」というより広い視点で問題を考える必要がありました。ですから、個人の問題だという主張にこだわらず、問題文を分析し社会にまで論点を広げられるとよかったでしょう。

キクチからのひと言25　問題文の分析を忘れずに

🏵 合格点がもらえる答案例

薬物乱用にかんする説明　❶薬物の乱用が危険なのは、薬物が、それを乱用した者の脳に作用し、強い依存性をもたせるからだ。そして、こうした薬物は、乱用した者に精神的・肉体的な被害をもたらす。また、❷乱用した者による犯罪は社会不安を引き起こし、乱用する者が増加すれば社会全体が不安定になってしまう。こういった点で薬物の乱用は危険であり、禁止しなければならない。

薬物乱用を防ぐための方策　❸薬物の乱用を社会からなくすためには、まずは子どものころからの指導の徹底が挙げられる。また、薬物を乱用してしまった者にたいして、治療体制を整備し、社会に復帰させる制度づくりも必要だ。加えて、❹薬物を流通させている反社会的な組織を社会が一体となって壊滅（かいめつ）させ、流通経路を絶たなければならない。薬物は海外から流入する危険性も高いため、検疫（けんえき）体制の整備による水際対策も欠かせない。

まとめ・結論　このような多面的な対策により、社会から薬物の乱用をなくすことが可能になると考える。

(386字)

📣 答案例への**コメント**

- ➡❶：○　問題にそって、「薬物乱用」がなぜ危険なのかを端的に述べることができています。
- ➡❷：○　薬物乱用が社会に及ぼす影響にまで言及しており、広い視野をもっていることを示せています。
- ➡❸：◎　薬物乱用の対策として、まずは「使う可能性のある側」についての対策を書いています。
- ➡❹：◎　薬物乱用の背景には、反社会的な組織の存在があります。それを根絶することが重要ですから、そこに言及できているのは高評価です。

📣 全体を通じた**コメント**

　この問題が求めている要素は2つあり、1つは「薬物乱用はなぜ危険か」、そしてもう1つは「薬物乱用を社会からなくすためにはどうするか」ということでした。まずはそれらを分析するところから始まります。答案例では、「薬物乱用」について確かな知識から説明しています。また、それに対応して、多面的に薬物乱用を防ぐための対策を書くことができています。分析をきちんと行なったうえでの答案といえるでしょう。

キクチからのひと言 26　問題文を分析できれば方向性が決まる

看　護

頻　度　★★★★★

出題例．2017年の日本人の平均寿命は男性81.09歳、女性は87.26歳で過去最高を更新した（厚生労働省：2018年7月20日）。平均寿命が延びることについてのあなたの考えを400字程度で述べよ。

（大東文化大学・スポーツ・健康科学部看護学科／改題）

➢ あなたの構成メモ

自分で書いてみよう

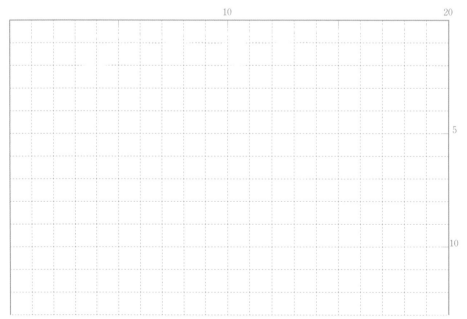

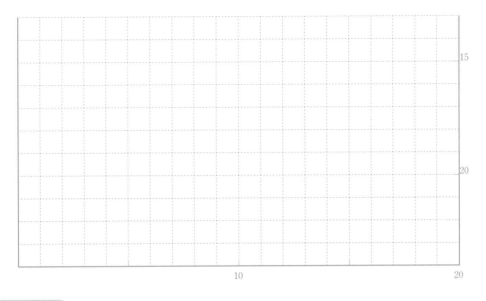

> **構成メモ例**

「平均寿命が延びることについてのあなたの考え」

「平均寿命」——→ その年に生まれたゼロ歳児の平均余命

「健康寿命」——→ 寝たきりや認知症でない期間

——→ この差が問題！

- 国 ——→ 財政問題が起こる
- 個人 ——→ 治療費や介護負担が大きい

解決策は？

予防医学！ ——→ 国と医療機関が協力する（結論）

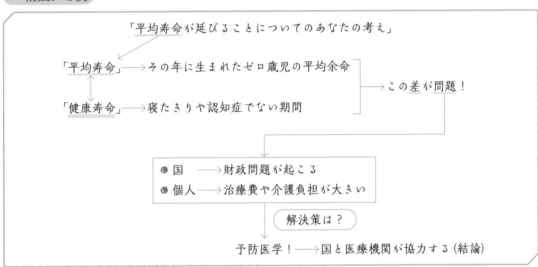

　まず、平均寿命と健康寿命という用語の定義を明らかにし、それらの差について説明します。そのうえで、平均寿命と健康寿命の差が広がることの問題点を整理します。整理した問題点について、社会全体の問題として「国」と「個人」、つまり「大きな視点」と「小さな視点」からどのような問題があるかを示します。最後に、それらにどのように取り組んでいくべきかを述べていきます。

> **テーマのキーワード**

- 平均寿命：「その年の0歳の人の平均余命」を推計したもの。
- 健康寿命：平均寿命から寝たきりや認知症など介護状態の期間を差し引いた期間。たとえば、平均寿命が80歳だが健康寿命が70歳だった場合、10年間は介護状態であることを示す。
- 平均寿命と健康寿命との差：平均寿命の延伸にともなって健康寿命との差が拡大すれば、国の医療費や介護給付費の多くを消費する期間が増大することになる。それと同時に、個人の金銭的・時間的・精神的負担も大きくなる。

❶ 合格点まであと一歩の答案例

❶日本人の平均寿命は、男性も女性も過去最高を更新した。❷平均寿命が延びることはよい
ことだと思う。❸なぜなら、平均寿命が延びることによって、私たちは多くのことを経験し、
学ぶことができるからだ。私たちはだれもが老いていくが、その人生を終えるまでの期間が
長ければ長いほど、豊かな人生を送ることができる。また、❹現在の日本の医療はひじょうに
発展しているため、いつまでも健康なままで生活することができるはずだ。健康なままで生
活することにより、働く期間も長くなり、❺国全体の経済もよくなるだろう。また、多くの人
がボランティアなどに従事することにより、社会貢献に努める人びとが増え、社会的にも人
びとが豊かに生きることが可能になるだろう。したがって、これからも平均寿命が延びるよ
うに医療従事者は努めるべきである。平均寿命を延ばすためには、医学などにかんする研究
を推進することが重要だ。❻私は医療を志す者として、研究に注力していきたい。 （403字）

答案例へのコメント

➡❶：△　この文だと、問題文をそのまま書き写したように思われてしまいます。字数を稼いでい
　　るように思われてしまうのです。

➡❷：✕　「平均寿命が延びることはよいことだ」とありますが、「健康寿命」のことを考慮していな
　　いので、一面的な見方です。

➡❸：△　平均寿命が延びても、生活の質は必ずしもよいものになるわけではないことに注意が必
　　要です。

➡❹：✕　日本の現代医療をもってしても解決できないものはたくさんありますので、この表現は
　　現実を直視できていません。

➡❺：○　「国全体」という視点から、社会全体のことを考えるのはよい点です。

➡❻：△　自分の意志については、書いてもよい場合もありますが、制限字数を考慮に入れると、
　　今回の問題では不要でしょう。

全体を通じたコメント

「平均寿命」について、「健康寿命」のことを考慮することなく、手放しに「よいと思う」といいきってしまっ
ています。ほんとうは、寝たきりの状態など、健康ではない状態で生きている状態も考えられます。その
ため、この答案のままでは知識不足が見られますし、物事を一面的にしかとらえていないように思われて
しまうおそれがあります。
　また、日本の医療が発展しているのでいつまでも健康でいられるという考えは、現実を直視していない
意見です。実際は、現代医療が解決できない課題はたくさんあります。そのことをふまえた答案にすべき
ではないでしょうか。
　さらには、最後に自分自身の意志について書いてありますが、制限字数のなかであえて書くことではな
いでしょう。ほかに書くべき事柄があれば、この記述を書く分量的な余裕はないと考えられます。

キクチからのひと言 27　物事を多様な面から見るようにしよう

❀ 合格点がもらえる答案例

平均寿命の定義　　①「平均寿命」とは、「その年の0歳の人の平均余命」を表す。②平均寿命と対になる考え方として、「健康寿命」がある。③「健康寿命」とは、「平均寿命から寝たきりや認知症など介護状態の期間を差し引いた期間」のことだ。

平均寿命が延びることの問題点　　平均寿命と健康寿命との差が開けば開くほど、介護を必要とする期間が長くなることを意味する。この期間が長くなると、④2つの課題が出てくる。1つめは、⑤国の医療費が増大し、国家財政を悪化させることだ。2つめは、⑥介護をするために、個人が金銭的・時間的・精神的に大きな負担を負うことだ。

問題点の解決策　　こういった課題を解決するためには、健康寿命を延ばすことが必要だ。この方策として、⑦医療を予防医学の観点でとらえなおすことが考えられる。つまり、寝たきりなどの介護を必要とする状態にならないよう、疾病予防や障害防止などの対策をとるということだ。⑧国や医療機関が一体となって、予防医学の面から人びとの生活を支えることが求められると考える。

(401字)

答案例へのコメント

➡①：○　「平均寿命」について正しく定義できています。

➡②：◎　「平均寿命」と対になる「健康寿命」の発想ができています。

➡③：○　「健康寿命」について正しく定義できています。

➡④：◎　平均寿命と健康寿命の差が開くことで問題が生じることが2つあるということを、明確に示せています。

➡⑤：○　平均寿命と健康寿命の差が広がることにより、国の財政に悪影響が生じることを示せているので、大きな視点で物事を見ていると評価されます。

➡⑥：○　⑤と同様に、個人にも影響が出ることを示せています。これにより、多面的な見方ができることをアピールできています。

➡⑦：◎　「予防医学」という観点を示し、医療面についての知識を正しく用いて妥当な解決策を提示できています。

➡⑧：○　責任を個人に押しつけることなく、医療を志す観点から結論を出せています。

全体を通じたコメント

「平均寿命」について定義したうえで、それと対になる「健康寿命」まで考えられています。自分勝手なイメージで用語を使用することを避け、正しい定義を示したうえで課題を整理できています。また、平均寿命と健康寿命の差が広がることにより、国と個人の両方に負担がかかることを明確に示すことができています。加えて、その課題を解決するために「予防医学」という観点から論じることができています。さらには、出題学部を意識して医療従事者の観点から生活を支えるという結論にもっていけています。

キクチからのひと言 28　課題を整理し、出題学部に即した具体的な解決策を示そう

テーマ 51 歯 学

頻 度 ★★★☆☆

出題例.. 超高齢社会に突入しているわが国では、地域包括ケアシステムという保健医療の新たな構築が進んでいる。このシステムは、高齢者が重度な要介護状態となっても住み慣れた地域で自分らしい暮らしを人生の最後まで続けることができるよう、医療・介護・予防・住まい・生活支援の包括的な確保をめざしたものである。これからの歯科医療の方向性について、あなたの考えを400字程度で述べよ。

(日本大学歯学部／改題)

> **あなたの構成メモ**

自分で書いてみよう

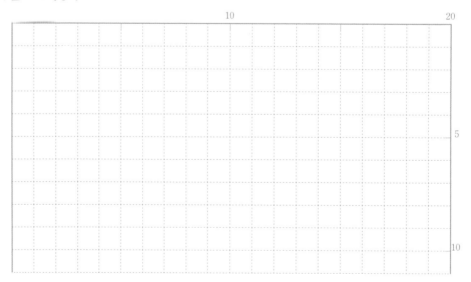

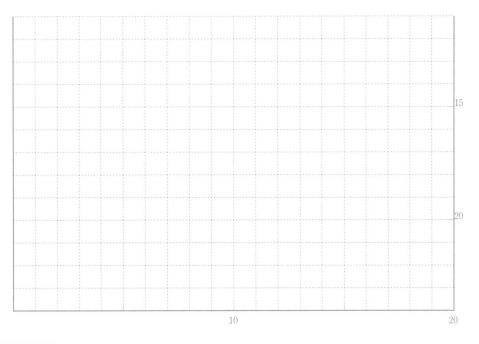

➤ **構成メモ例**

> これからの<u>歯科医療の方向性</u>
>
> 医療の現状：病院でなく、自宅での療養を希望する高齢者が多い
>
> 　　→患者の尊厳を保つことにある
>
> 　　→<u>歯科医療</u>もそうするべきだ
>
> 　　　　　→高齢者は、口腔内から全身に病気が広まることがある
>
> 　　　　　　　→在宅医療や介護に歯科医療は不可欠
>
> 　　　　　　　→往診・聞き取りで患者のようすを把握する必要がある
>
> 　　　　　　　→ 加えて その地域に合った歯科医療を展開すべきだ

> 　この問題の最初のポイントは、「地域包括ケアシステム」という言葉にピンとくるかどうかです。また、患者の意向を尊重する方向性で答案を書くとよいでしょう。加えて、「<u>歯科医療の方向性</u>」に限定しないと問題の意図からはずれてしまうため、注意が必要です。

テーマのキーワード

● 地域包括ケアシステム：厚生労働省が高齢者の尊厳の保持と自立生活の支援を目的として推進している、地域の包括的な支援・サービス提供体制のこと。市町村や都道府県が、地域の自主性や主体性にもとづき、地域の特性に応じてつくり上げていくことが必要とされている。地域の医療機関には定期的な訪問診療の実施が求められている。

● 在宅医療・介護：首都圏をはじめとする都市部において、今後、75歳以上人口が急速に増える。終末期の療養場所では、60％以上が「自宅で療養したい」と回答し、要介護状態になっても自宅や子ども・親族の家での介護を希望する人が40％を超えている。こういった背景により地域包括ケアシステムが推進されている。

❶ 合格点まであと一歩の答案例

❶今後の歯科医療は、患者に寄り添った医療ができるようにさらに発展していくことが必要だと考える。これまでの歯科医療は、たんに患者の口のようすを観察し、それにたいする治療をすることで成り立ってきた。しかし、歯科医療における主体はあくまでも患者本人である。したがって、その患者たちの視点に立った歯科医療が今後求められるはずであり、そうしなければ歯科医療は信頼を失ってしまうだろう。患者の視点に立った歯科医療を実践するには、まず患者やその家族、また関係者の人生観まで把握するために、相手を知ろうとすることが必要だ。相手の価値観や人生観によって、治療の方向性が変わってくることが多々あるからである。また、❷相手のことを知ってから、治療方針についてよく説明することが重要だ。相手が納得のいくまで説明を続けることが、信頼関係の構築につながる。そして、❸こうした実践のなかで、地域包括ケアシステムも考慮に入れていくべきだろう。

(402字)

答案例へのコメント

➡❶：✗　この結論は、「地域包括ケアシステム」という、この問題のキーワードをまったく考慮に入れていません。設問を見れば、「地域包括ケアシステム」が重要視されていることはすぐにわかるはずです。結論部分はキーワードを考慮に入れたものとするべきでしょう。

➡❷：△　これまでに述べたことと重複する部分があります。「患者のことをよく知るようにする」ということが重ねて書いてある印象を受けます。患者のことを知ることは間違いではありませんが、より端的に書くことで、ほかの要素を入れることができたはずです。

➡❸：△　キーワードである「地域包括ケアシステム」について、申し訳程度に触れているだけにとどまってしまっています。本来はこのキーワードが重要なのですから、答案の中心として入れておくべきです。

全体を通じたコメント

この答案例では、問題にある「地域包括ケアシステム」についての言及がほとんどありません。肝心のキーワードにほぼ触れられていないと、そのキーワードについて関心がなかったり、知識がなかったりすると思われる可能性があります。また、問題が求めていることに答えられていないため、評価が低くなることも考えられます。自分が受験する学部でよく出題されるテーマについては、大まかでよいので学んでおくようにしましょう。

キクチからのひと言㉙　出題学部での頻出テーマはおさえておこう

🌀 合格点がもらえる答案例

主張を先に明示する ❶これからの歯科医療の方向性は、超高齢社会を前提とした地域包括ケアシステムによる在宅での療養を促進する方向に行くべきであると考える。

日本の医療の現状分析 今日では、介護が必要となっても、病院ではなく、自宅での療養を希望する高齢者が多くなっている。住み慣れた環境で過ごすことは、患者の意思を尊重し、なるべく自然に生活することを可能にする。❷歯科医療もそういった患者の尊厳を保つような方向性にあることが求められるはずだ。

現状分析の詳細な説明 ❸高齢者は、かむ能力が衰えることなどにより、口腔内(こうくう)が不衛生になり、そこから全身に病気が広まるということも考えられる。そういった点で、歯科医療は在宅医療および介護に欠かせない。

具体的な主張 ❹歯科医療においては、往診や家族への聞き取りを通じて患者のようすを把握し、できるだけ健やかな生活を送ることができるよう配慮していく必要がある。

具体的な主張と結論 また、❺個々の患者だけではなく、その地域に根差した地域医療を展開し、地域の特性に合った歯科医療を提供すべきだ。

(405字)

答案例へのコメント

→❶：○　歯科医療の方向性について、在宅医療を視野に入れつつ述べることができています。

→❷：◎　今日、医療で重要とされるのは「患者の尊厳」です。このことについて触れているのはよい点です。

→❸：○　高齢者の身体的な特徴をとらえ、なぜ歯科医療が必要なのかが書けています。

→❹：○　具体的な歯科医療のあり方を書くことで、より深く考えていることを採点者に示すことができています。

→❺：◎　今後の医療に不可欠な「地域に根差した医療」について触れており、今後の医療に求められていることを的確に述べています。

全体を通じたコメント

　問題に出てきている「地域包括ケアシステム」は、近年では医療系小論文で頻出のキーワードです。たんにキーワードを知っているだけではなく、それが自分のめざす学部・系統とどのような関係をもっているかを考えるとよいでしょう。その点、この答案例では、「歯科医療」に焦点をあてて「地域包括ケアシステム」をふまえた議論ができています。具体的な主張も現実的で、納得できるものとなっています。

キクチからのひと言 ㉚ ◀ 頻出テーマの知識は論述の突破口となる

テーマ 52 保健・衛生・医療分野

頻　度　★★★★☆

出題例 情報化社会が医療に与える恩恵と弊害について、あなたの考えを400字程度で述べよ。

（鳥取大学医学部保健学科／改題）

＞ あなたの構成メモ

自分で書いてみよう

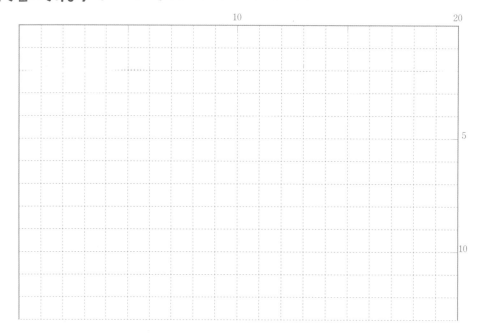

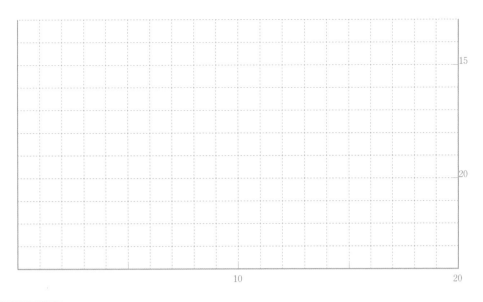

➤ 構成メモ例

情報化社会が医療に与える 恩恵 と 弊害

- ● 恩恵 ：医療の効率化・簡便化
  ──→《具体的には》 過疎地に住む患者への遠隔医療が可能、電子カルテの導入
- ● 弊害 ：インターネットが普及することで情報が多くなり、人びとに間違った知識を与える
  ──→標準的な医療を適切に受けられない患者が出てくる可能性がある

　今回のテーマは「情報化社会」と「医療」です。「情報化社会」はこれまでの社会を一変させます。そのことについて考え、医療にたいしてもどのような影響があるかを考察していきます。学部特性が表れた問題だといえるでしょう。

テーマのキーワード

- ● 情報化社会と医療：住み慣れた地域で安心して質の高い医療サービスを受けながら生活していけるような社会をめざし、地域における医療機関等のあいだで必要な情報連携を進めていくことが重要である。政府は、ICTを活用したネットワークを構築することで、こうした情報連携を効果的に進め、地域における質の高い医療の提供に寄与する取り組みを進めている。
- ● 遠隔医療：「情報通信機器を活用した健康増進、医療に関する行為」と定義されている。オンライン診療、オンライン受診勧奨、遠隔健康医療相談、オンライン診療支援者、診断行為等が含まれる。医療の質の向上・患者の利便性の向上・離島や過疎地などにおける医療の地域差の是正等、地域医療の充実の観点から重要と位置づけられている。
- ● 電子カルテ：患者の診察内容や診断結果、処方薬や経過について記載したものを「カルテ」とよぶ。カルテをパソコンやタブレットを用いて作成し、電子的なデータとして保存するもの。

❶ 合格点まであと一歩の答案例

❶情報化社会が医療に与える恩恵は、医療を進めていくうえで最新の科学技術を用いることにより、従来よりも先進的かつ効率的な医療を提供できることだ。科学技術は近年になって加速度的に進歩しており、それを医療に応用するケースも増えてきている。それはこれまで治療が難しかった病気やけがを治療することに貢献する。また、❷医療を電子化することにより、これまで紙で行なっており時間やコストのかかっていた事務手続きや記録といったものを効率化することが可能になる。一方、❸弊害は、情報化社会が進むことにより、AIやロボットが医療に入ってくることになり、人間の倫理にかんする問題が生じることである。具体的には、AIによる遺伝子解析が進み、その人の遺伝子情報を容易に知ることができるようになってきていることだ。それは、患者の人生にかかわる病気の可能性を示唆することもある。こういった場合にどのような対処をすべきかという問題が倫理的な問題として生じてくる。

(409字)

答案例へのコメント

➡❶：△　情報化社会はたしかに「科学技術」がもたらしたものですが、この記述ではやや漠然としたものになっています。「情報化社会」は「科学技術」の中に含まれるものですから、両者を直接につなぐのは無理があるといえるでしょう。

➡❷：△　医療の効率化は情報化社会の恩恵の1つではありますが、この表現からは、「先進的かつ効率的な医療」として患者に提供されるものというより、むしろ事務手続き上のものという印象を受けます。「電子カルテ」など、患者にとってメリットのある事例を挙げたほうが説得力が増します。

➡❸：△　情報化社会と「AIやロボット」はつながりのあるものではありますが、その後の「倫理的な問題」とは直接つながりにくいでしょう。倫理的な問題について言及するのであれば、より具体的な記述をしたほうがよいでしょう。

全体を通じたコメント

「情報化社会」が医療に与える恩恵について、「科学技術」の話になったり、「AIやロボット」の話になったりして、焦点が定まらない答案になってしまっています。これは、「情報化社会」の定義づけがされていないからです。「情報化社会」という言葉だけでは抽象的ですから、それがどのようなものなのかを明確に定義しなければ、論じる方向性がばらばらになってしまいます。まずは、あいまいな意味で使ってしまっている言葉を定義づけすることから始めましょう。

キクチからのひと言 31　定義づけを的確に行なおう

⊛ 合格点がもらえる答案例

情報化社会による恩恵と弊害についての考えを明示する　❶情報化社会が社会に与える恩恵は、医療の効率化・簡便化が可能になることだ。一方、弊害は、情報が社会にあふれ、それに多くの人がアクセスできるようになることで、医療にかんする間違った情報が広まるおそれがあることだ。

「恩恵」についての説明　❷社会に与える恩恵として、過疎地に住んでいる患者への遠隔医療が挙げられる。これまでは過疎地に住む患者は医療機関に行くために多大な負担を強いられていた。これが、遠隔医療によって、移動をともなわずに医療を受けられるようになる。また、電子カルテが各医療機関で導入・共有されれば、病院が変わるたびに初めから診察を受ける必要が少なくなる。

「弊害」についての説明　一方、❸弊害については、インターネットの普及にともない、さまざまな情報が社会に流れるようになり、医療の専門知識をもたない人びとに間違った知識を与えるおそれがあることが挙げられる。間違った知識を信じてしまうと、標準的な医療を適切に受けない患者が現れる結果になると危惧される。

(402字)

答案例へのコメント

➡❶：◎　まず、「恩恵」と「弊害」を示すことにより、読み手にとって内容を把握しやすい構成にすることができています。

➡❷：○　「恩恵」についてくわしく述べ、医療問題に関心があることまで示せています。

➡❸：○　「弊害」についても具体的に述べることで、「情報化社会」が必ずしもよいことだけをもたらすわけではないことを示せています。多面的な思考がアピールできています。

全体を通じたコメント

　今回の問題では「情報化社会が医療に与える恩恵と弊害」がテーマになっていました。その「恩恵」と「弊害」について、自分なりの定義や考えを示すことが重要です。その点、答案例は「恩恵」と「弊害」を明確に定義し、それに従って自分の考えを展開しています。このように、自分の中で論じるべきことの内容を明確化すると、答案が書きやすくなります。答案例もそうなっています。

キクチからのひと言 32　定義に従って論述するようにしよう

テーマ
53 教　育

頻度 ★★★★★

出題例　小学校教育では、新しく「特別の教科　道徳」が設置され、さらに高学年には「英語」が設けられようとしている。それは、どうしてか。子どもたちの実態や社会の変化、小学校教育の役割などを考えながら400字程度で述べよ。

（昭和女子大学人間社会学部初等教育学科／改題）

> **あなたの構成メモ**

自分で書いてみよう

10　　　　　　　　　　20

5

10

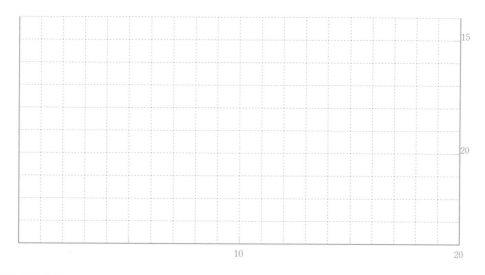

➤ 構成メモ例

　小学校教育では、新しく「特別の教科　道徳」が設置され、さらに高学年には「英語」が設けられようとしている。それは、｜どうしてか｜。｜子どもたちの実態｜や｜社会の変化｜、｜小学校教育の役割｜などを考えながら400字程度で述べよ。

● 小学校の実態：多様化している／社会：学校教育に求めることが変わってきている
　　《そもそも》　｜小学校教育の目的｜は❶：国民の人格形成　❷：国家・社会の形成者の育成にある
● 現状：子どもたちの学習習慣が確立されない、問題行動や規範意識の低下
　　──→小学校からの指導の必要性
　　　　現代社会では主体的な姿勢が求められている
　　──→子どもたちも例外ではない
　　──→《結論》人格形成と現代社会への対応のために、新たな視点が必要とされる

　教育系をめざす受験生であれば、小学校教育に変革が起きていることはよく知っていることだと思います。その流れがなぜ起きているかを考えさせる問題です。子どもたちの実態や社会などを、多面的に考えているかどうかが評価のポイントになるでしょう。

テーマのキーワード

● 教育の目的：文部科学省によれば、教育の目的は、一人ひとりの国民の人格形成と国家・社会の形成者の育成であり、このことは時代がどれほど変わろうとも普遍的なものであるとされている。

● 子どもたちの状況：学ぶ意欲や生活習慣が確立しておらず、問題行動や規範意識や体力の低下などが深刻だとされている。また、自分に自信がある子どもが国際的に見て少なく、学習や職業にたいして無気力な子どもが増えている。人間関係をつくる力が十分でないとの指摘もある。

● 教育にたいする社会からの要請：社会経済システムの高度化・複雑化が顕著な現代において、子どもたちには、新しいものをつくり出し、主体性をもって社会に積極的に参加し課題を解決していくことができる力を身につけることが求められる。また、国際化、情報化、科学技術の発展のなかで、異なる文化・文明の共存や持続可能な発展に向けての国際協力が求められるとともに、科学技術教育や外国語教育など、学校教育でも国家戦略として取り組むべき課題が指摘されている。

❶小学校教育で新たに「特別の教科　道徳」が設置され、高学年に「英語」が設置されているのは、児童や保護者がそれを望むようになったからであると考える。現代の子どもたちは、日ごろから多様な情報にさらされ、その中には不適切な情報や、誤った情報が含まれていることもある。❷そうした情報が原因で情緒が不安定になる子どももいるため、「特別の教科　道徳」が設置されたのだと考える。また、❸近年、英会話教室などに通う子どもたちも増えており、そういったニーズが高まっていることは明らかである。その現状に合わせるために、小学校に「英語」が設置されるのだと考える。小学校教育は、子どもたちが今後生きていくうえで必要な技能や知識を得るためのものである。❹小学校で学んだことは、人生における基礎である。したがって、小学校では、今後の社会で必要とされている、情操教育や英語力の向上を目的とした教育が求められている。

(387字)

答案例へのコメント

➡❶：△　「特別の教科　道徳」や「英語」が設置されるのは、児童や保護者が望んでいるからなのでしょうか。社会の要請などもありそうです。また、この「主張」にたいする「理由」がありませんので、説得力のない文章になっています。

➡❷：△　多様な情報にさらされているから情緒が不安定になるというのは疑問を感じるところです。ほかにも理由が考えられるため、「情報」だけに理由を限定するのは論理性に欠けます。

➡❸：✕　「そういったニーズ」とありますが、何をさすのかが明らかではありません。また、「……そういったニーズが高まっていることは明らかである」と断定していますが、ほんとうに「明らか」だとだれもが納得できるでしょうか。少なくとも理由をより詳細に述べるべきでしょう。

➡❹：△　ここの部分は直前の部分と意味が重複しています。重複した表現は避けましょう。

全体を通じたコメント

　問題で考慮するように求められているのは、「子どもたちの実態」や「社会の変化」「小学校教育の役割」です。この答案例では、「子どもたちの実態」と「小学校教育の役割」については言及があるものの、「社会の変化」についての記述がほとんどありません。教育の変化には社会が変化しているという背景があることが多いため、それを書くべきでしょう。

　現代社会の動向について、日常的にさまざまなメディアから情報を得るようにしていきましょう。その蓄積が、社会にたいする自分の問題意識として表れます。

キクチからのひと言 ㉝　現代社会の背景を、おおまかでよいのでとらえよう

✿ 合格点がもらえる答案例

[主張を先に明示する] ❶小学校教育に新たな要素がとり入れられているのは、子どもたちの状況が多様化し、その一方で、社会が学校教育に求める要素が変わってきたからだと考える。

[学校教育の目的の定義づけ] そもそも、❷学校教育の目的は、国民の人格形成と国家・社会の形成者の育成にあるとされるため、これを基本として考えなければならない。

[子どもたちの現状分析] ❸現代では、子どもたちは学ぶ習慣が確立されておらず、問題行動や規範意識の低下が注目されている。これを受けて、子どもたちの生活や意識を小学校のうちから指導していくという流れが生じている。

[社会の現状分析] また、❹社会の高度化・複雑化にともない、現代社会に生きる人びとには課題に主体的に挑むことが求められている。これは子どもたちも例外ではなく、国家的な人材育成の観点からも、新たな社会の姿に対応した教育のあり方が模索されている。

[まとめ・結論] このように、❺個人の人格形成とともに、現代社会の諸問題への対応の必要性から、小学校教育に新たな視点がとり入れられていると考える。

(399字)

答案例へのコメント

➡❶：◎ 小学校教育に新たな要素がとり入れられている理由を端的に表現できています。

➡❷：◎ 学校教育の役割は意外と書けないものですので、これを書けたことは高評価です。

➡❸：○ 子どもたちの現状分析について、妥当なことが書かれています。

➡❹：○ 社会全体の変化とともに、それに応じた子どもたちを取り巻く変化も書かれています。

➡❺：○ これまで述べたことをふまえて簡潔に結論を述べています。

全体を通じたコメント

　この問題では、小学校教育に新たな要素が取り入れられている背景を分析できるかどうかが勝負になってきます。答案例では、主張を先に明示したうえで、問題が与えてくれている、「学校教育の役割」や「子どもたちの実態」「社会の変化」をそれぞれ論じるかたちになっています。こうすることで、問題に自分が正面から答えているということを採点者に示すこともできています。また、背景知識も整理されたかたちで書かれており、自分の関心のある分野にアンテナを張っていたこともわかります。

キクチからのひと言 ❸④ 　背景がわかれば小論文も書ける

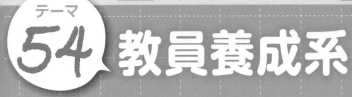

テーマ 54 教員養成系

頻度 ★★★★☆

出題例 「児童の権利に関する条約（子どもの権利条約）」は、1989年に国連総会で採択され、「生きる権利」「守られる権利」「育つ権利」「参加する権利」などが柱となっている。この子どもの権利を守るために、保育、教育の現場でどのようなことが求められるか、例を挙げながら、自分の考えを400字程度で述べよ。

（白梅学園大学子ども学部／改題）

➤ あなたの構成メモ

自分で書いてみよう

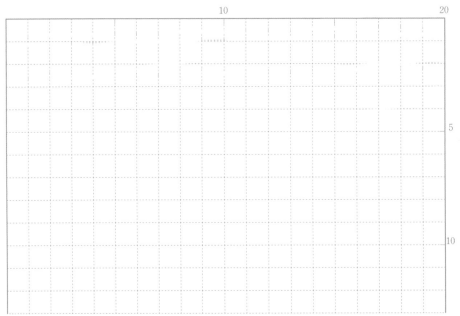

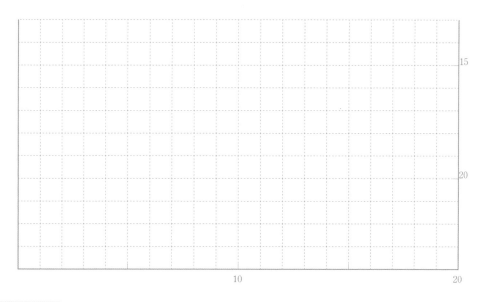

➤ 構成メモ例

この 子どもの権利を守る ために、／ 保育、教育の現場でどのようなことが求められるか、 例を挙げながら、／ 自分の考えを400字程度で述べよ。

《子どもの権利》：子どもは個性をもっているが、現状では負荷がかけられているのでは？

↑── 保育、教育の現場が疲弊しているから

↑── 社会が高度化・複雑化して、教育現場に求められていることが多い

→ 未然に防ぐ必要性

❶：子どもたちは主体性をもつ個人であることを大人が認識するべきだ

❷：子どもたちは未熟さもあるため、それに配慮した技術を学ぶべきだ

「子どもの権利条約」を念頭に置いて、その権利を守るために保育や教育の現場で何が求められているかを考える問題です。「現場」に焦点をあてることが重要です。また、適切な具体例を書けることもポイントになるでしょう。

テーマのキーワード

● 子どもの権利条約：「児童の権利に関する条約（子どもの権利条約）」では、18歳未満の児童（子ども）を権利をもつ主体と位置づけ、おとなと同様、1人の人間としての人権を認めるとともに、成長の過程で特別な保護や配慮が必要な子どもならではの権利も定めている。

● 子どもの権利と教育現場：現在、教育現場の努力は必ずしも子どもに還元されていない。また、指導のなかで、一定の負の感情をもつこと自体を禁止されたり、思っていることを人前でいわなければならない場面も現実として存在したりする。このなかで子どもは「どうしたら人に受け入れられるか」ばかりを気にするようになる。これは自我の確立を妨げ、人間固有の尊厳を奪うものだ。子どもの人権は、体罰や校則の問題だけでなく、日常の生活の中で内面の自由を保障する機能をも有している。

　❶子どもの権利を守るために、保育や教育の現場では、それぞれの子どもたちのことを十分に理解したうえでの対応が求められると考える。子どもたちはそれぞれに個性をもっており、子どもたち自身の考え方も当然有している。そのため、画一的な保育や教育を実施することは、彼ら、彼女らの個性や考え方を否定することにもつながりかねない。まだ幼いころに個性や自分自身の考え方を否定されてしまうと、その後の人格形成に影響があるといわれている。子どもたちの人格形成はその後の人生に大きくかかわるものであるから、人格形成を第一とした保育、教育は重要である。したがって、❷保育や教育の現場に立つ人びとが子どもたちをきめ細かくケアできるように、政府や自治体は実効性のある政策を展開すべきである。そのような❸全体を見据えた制度設計が今後の保育や教育の現場にいかされることにより、現場に立つ人びとも子どもたちのケアに集中できるようになると考える。

(401字)

答案例へのコメント

➡❶：△　書いていることは的はずれではありませんが、理由や具体例が後ろに続いていないため、主張だけが浮いているという印象を受けます。主張の後ろには理由や具体例を入れ、説得力をもたせた記述にしましょう。

➡❷：△　「実効性のある」という言葉は、抽象的で具体性がありません。この記述では意味のあることをいっていないような印象を受けます。

➡❸：△　「制度設計」について、より具体的に論述してほしかったところです。設問にも「例を挙げながら」とありますから、それもふまえた記述が望まれます。

全体を通じたコメント

　この問題で問われているのは、「子どもの権利」を守るために「保育、教育の現場」で求められることは何かということです。答案例では、子どもたちがそれぞれに個性をもっていることを中心に書いていますが、肝心の「保育、教育の現場で求められること」については具体的に書かれていません。「実効性のある政策」や「全体を見据えた制度設計」といった抽象的な事柄が述べられているにとどまり、具体性に欠けます。問題の「例を挙げながら」という条件にも答えられていません。論述の対象として、書くように求められていることについては、できるだけ具体的に答えましょう。

キクチからのひと言 35　論述する対象を明確にとらえよう

🏵 合格点がもらえる答案例

主張を先に明示する ❶子どもの権利を守るためには、保育や教育の現場で、彼らの個性や主体性を損なわないよう配慮すべきだ。

社会の現状分析 ❷現在の社会は高度化・複雑化し、保育や教育の現場に求められることが多様化している。そのなかで、保育や教育の現場の大人たちは疲弊している。そして、❸本来は多種多様な個性をもっているはずの子どもたちに過大な負荷をかけてしまうこともある。これは子どもの権利の侵害であり、未然に防がなければならないものだ。

現状分析をふまえた主張 ❹その権利の侵害を防ぐためには、保育や教育の現場で、そもそも子どもは主体性をもつ個人であることを、管理者や子どもの保育・教育にあたる大人に周知徹底すべきだ。また、その一方で❺子どもならではの未熟さも併せもっているため、子どもの幼さに配慮した保育や教育の技術を研修などにより学んでいくことが求められる。

まとめ・結論 このように、❻保育・教育の現場で子どもの権利を守るためには、大人たちの意識や姿勢を変えていくことが必要だと考える。

(399字)

答案例へのコメント

➡❶：○　子どもの権利を守るために必要とされることが簡潔に書かれています。

➡❷：◎　現代社会について「大人」の面から書けていて、視野が広いことを示せています。

➡❸：◎　大人の疲弊（ひへい）が子どもたちに負担を与えるという、なかなか書けないことを書けています。

➡❹：○　子どもは主体性をもつ個人であることを明確に述べています。

➡❺：○　子どもが未熟さももっていることを示し、多面的な見方ができています。

➡❻：○　結論をうまくまとめられています。

全体を通じたコメント

「子どもの権利」というと漠然としており、そのまま論じるとかなり抽象度の高い答案になります。もちろん、それで減点されることはあまりないと考えられますが、書きづらいものとなる可能性があります。

　答案例では、社会、そして保育や教育の現場の大人たちの現状を分析しています。自分が論じる対象を明確にすることで、それをふまえた主張をすることができています。これにより、主張も読み手にとってわかりやすいものとなっています。

キクチからのひと言 36　論述する対象が明確であれば答案は書きやすくなる

テーマ 55 芸術系

頻度 ★★☆☆☆

出題例 今日、仏像は美術館や博物館に展示されたり、美術番組で取り上げられたりすることが多いが、「仏像」は美術品なのか、人の心のあり方も含め、あなたの思うところを400字程度で述べよ。

（倉敷芸術科学大学芸術学部／改題）

あなたの構成メモ

自分で書いてみよう

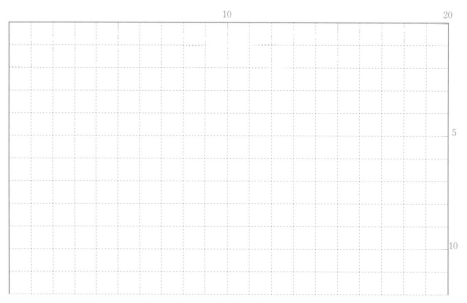

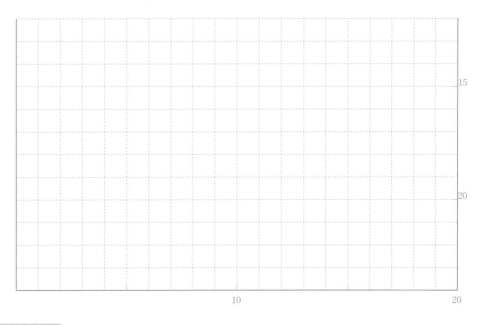

> ### 構成メモ例

「仏像」は 美術品 なのか、／人の心のあり方も含め、／あなたの思うところを400字程度で述べよ。

《「美しい」とみなされる個々のもの》

──→「美しい」と思う人が多ければ、一般的に認められる

　仏像 ：見る者が美しいと思うかどうか（＝ 心のあり方 ）で「美術品」かどうかが決まる

　例　 ：仏教徒かどうかで「美術品」かどうかが変わってくることもある

──→「美術品」とみなされるのは、造形美と作成者の畏敬（いけい）の念が心を打つから

──→仏像は、宗教的にも美術的にも語ることができる

　芸術系の小論文には「センス」がいると思われがちですが、そのようなことはありません。現代社会を見つめながら、問題文の指示にそって書いていくと、答案が自然にできるものです。「仏像は美術品かどうか」というテーマからそれないように注意しましょう。

> ### テーマのキーワード

● 芸術の役割：芸術は宗教上の美を表現してきたという経緯もあり、哲学や思想とも深くかかわりをもっている。また、芸術はたんに感覚的な楽しみにとどまることなく、相互に感情を伝え合う共感やコミュニケーションの楽しみをもたらす。さらに、自己の存在を確かめ合う、生きるための表現でもある。人びとの世界観を変え、世界を動かす力にもなる。

● 現代における芸術：従来の芸術家は、自身の想像力にもとづいてその手で何かをつくり出してきたが、それがいまなお完全に有効だとは限らない。現代では、科学が描きだす世界観が、芸術家の想像力が描きだしうる範疇（はんちゅう）を超えるまでに非日常的、非常識的であるからだ。ただし、科学と芸術は融合するものではなく、それぞれ別個に発展すべきものだという指摘もある。

🕐 合格点まであと一歩の答案例

「仏像」が美術品なのかどうか、という点にかんして、私は「美術品」であると考える。なぜなら、❶仏像は、たしかに仏教における宗教性をもつものであるが、現状として美術館に飾られる対象であることも考えると、やはり美術品としたほうが適切だからだ。❷仏像にはさまざまなとらえ方があるとは思われるが、あくまでも現状としてどのような扱いをされているかに焦点をあてるべきであると考える。かりに仏像が美術品ではないとすると、仏像が美術館に置かれるのは不自然であるということになるが、実際にはそのようなことはない。❸仏像が美術館にあってもなんら不思議に感じることはないし、美術番組に取り上げられたとしても、仏像の美術品としての意義を説明するものであるからだ。このように、❹現代の日本においては、仏像の宗教性は否定しないものの、実際問題として社会一般に美術品として扱われている以上、美術品であると考えるのが適切であると考える。

(397字)

答案例へのコメント

➡❶：△　1文がやや長くなっています。

➡❷：△　なぜ仏像が「現状としてどのような扱いをされているかに焦点をあてるべき」なのか、理由がありません。これでは説得力を欠いてしまいます。

➡❸：△　仏像が美術館にあっても不思議ではないというのは、前の文とほぼ同じ意味であり、内容が重複しています。

➡❹：✕　「仏像の宗教性」には触れないまま、自分自身が仏像にたいしてもっている感覚だけをもとに論述を進めてしまっています。より根拠のある記述にすべきでしょう。

全体を通じたコメント

「仏像は美術品かどうか」という問いにたいして、この問題では「人の心のあり方も含め」という条件をつけていますから、それも考慮に入れつつ論述するべきです。この点について、答案では「人の心のあり方」について触れられていません。これでは問題が要求することに答えていることにならず、大幅な失点となる可能性があります。

　また、全体として、根拠が「自分はこう感じる」という「自分の感覚」しかなく、説得力に欠けます。小論文では、まずは問題の示す条件に忠実に従うことを心がけましょう。また、主張にたいする論拠は、自分にしか通用しないものではなく、読み手が納得できるような一般性をもつものにしましょう。

キクチからのひと言 37　問題の条件についても分析しよう

🏵 合格点がもらえる答案例

[主張の提示] ❶「仏像」は美術品として存在しうるが、「美術品」としてしか存在し得ないものではない。

[「美術品」の定義] ❷「美術品」とは、「美しい」とみなされる個々の物をさすと考える。「美しい」と思う人が多いほど、それは「美しいもの」として一般に認められる可能性が高くなる。

[定義をふまえた主張] ❸仏像を見る者の心のあり方によって、仏像が「美術品」なのかどうかが決まる。たとえば、仏教徒であれば、仏像が崇拝（すうはい）の対象であるのは当然だ。一方で、仏教徒ではないという理由で仏像を宗教的なものととらえない人びとがいるのも自然である。

[主張の詳細] このように、❹仏像は、見る者の心のあり方によってとらえられ方が異なるのだ。❺仏像が「美術品」としてみなされることがあるのは、仏像の造形美と、仏像を作成する者の宗教的な畏敬（いけい）の念とが、多くの人の心を打つからである。

[まとめ・結論] ❻仏像自体は、さまざまな宗教的な文脈でも、美術的な文脈でも語りうるものだ。「仏像」とは、それを見る者の眼差しそのものを映しだす鏡のような存在なのだ。(405字)

📢 答案例への**コメント**

➡❶：○ 自分の主張を冒頭に述べ、後ろの論述につないでいます。

➡❷：◎ 「美術品」の定義を明らかにすることで、読み手にとって論点がわかりやすくなっています。

➡❸：○ 問題に「心のあり方」について触れるよう指示がありますので、それにそって書くことができています。

➡❹：◎ 仏像が「美術品」かどうかを、「心のあり方」で変わると述べることで、問題にそった独自性のある論述ができています。

➡❺：○ これまでの論述をふまえて、的確に結論を述べられています。

📢 全体を通じた**コメント**

　今回は芸術系のテーマですが、問題を分析すれば答えられるようにできています。答案例では、「仏像」が美術品なのかどうかということについて、自分なりの主張をはっきりと書いています。これに加え、「美術品」とは何かということについても定義づけをしています。

　さらに、「人の心のあり方も含め」という問題の条件に従って、仏像は見る者の心のあり方によってとらえられ方がちがうと述べており、問題の条件にそった的確な主張ができています。

キクチからのひと言 38 ◂ 問題の条件をふまえれば問いに正確に答えられる

テーマ 56 スポーツ科学

頻度 ★★★☆☆

出題例 トレーニングを行なっても競技成績が向上しないときにはどのようにして改善すべきか、また薬物、サプリメントなどでドーピング違反をしないためには、どのようなことに注意すべきか、アスリートおよび指導者としての対応策を400字程度で述べよ。

(国士舘大学理工学部／改題)

➤ あなたの構成メモ

自分で書いてみよう

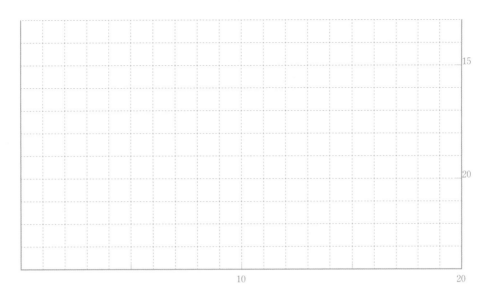

10   20

➤ 構成メモ例

❶トレーニングを行なっても競技成績が向上しないときにはどのようにして改善すべきか、／また薬物、サプリメントなどで❷ドーピング違反をしないためには、どのようなことに注意すべきか、／ アスリート および 指導者 としての対応策を400字程度で述べよ。

- ❶：競技成績が向上しないとき
  - アスリート ：自身の練習を見直すべき・栄養面やメンタル面も考え直すべき
  - 指導者 ：アスリートを長期的・包括的な視点で見るべき
- ❷：ドーピング違反をしないために
  - アスリート ：精神力が必要・指導者に相談できるような信頼関係
  - 指導者 ：ドーピング違反についての知識を深める必要性

解答するにあたって書くべき要素が問題に明示されていることに注意が必要です。トレーニングを行なっても成績が向上しないときにどう改善するか、また、ドーピング違反をしないために何に注意すべきかを、アスリートおよび指導者の立場から書くことが求められています。

テーマのキーワード

- スポーツの意義：「スポーツ精神」は、自然に備わった才能を磨き上げることを通じて人間の卓越性を追求することであり、人びとの心身をともにほめたたえるものである。また、スポーツの中に存在し、スポーツを通して生まれる価値に反映されている。ドーピングはこれに反するものとされる。
- ドーピング違反：アンチ・ドーピング規則違反のこと。ドーピング違反をした場合、個人にたいしては、大会成績の自動的な失効および資格停止の制裁が課される。資格停止期間中は、競技会への出場、所属チームの施設利用や練習への参加はいっさいできない。さらに、スポーツにかかわるすべての活動が禁止される。
- アンチ・ドーピングにおける選手の責任：アンチ・ドーピング規程を遵守（じゅんしゅ）すること、検体（けんたい）の採取に応じること、摂取するものにたいしてすべて選手自身が責任を負うことなどが定められている。

❶ 合格点まであと一歩の答案例

❶トレーニングを行なっても競技成績が向上しないときには、自分が行なってきたトレーニングのメニューを振り返り、何かが間違っていなかったか考えることが必要だ。❷基本的に、正しい練習メニューに実直に取り組めば、結果はついてくるものだ。それがうまくいかないときは、トレーニングが自分の身体に合っていないことが考えられる。また、科学的に考えてそのトレーニングが効率的でないこともありうる。そのため、これまで行なってきたトレーニングが自分に合っているか、また科学的に正しいものかということを考えるべきだ。アスリートは、成績が上がらないと、本来は禁止されているドーピングに手を出してしまうことがありうる。また、それとは知らずに違反薬物を摂取してしまっていることも考えられる。❸それを防ぐために、指導者はドーピングにかんする知識を有し、アスリートに適宜助言をしていくことで、ドーピング違反を未然に防ぐことが必要だと考える。

(400字)

答案例へのコメント

➡❶：△　この記述では、「アスリート」の立場でしか述べることができていません。

➡❷：△　「正しい練習メニューに実直に取り組めば、結果はついてくるもの」というのは自身の経験から考えたことでしかありません。アスリート一般に通じると広く認められるかどうかは疑問が残る表現です。

➡❸：△　「指導者」の視点でしか「ドーピング違反」にかんして述べることができていません。本来であれば「アスリート」の立場からも述べる必要があります。

全体を通じたコメント

　問題が求めているのは、競技成績が向上しないときと、ドーピング違反をしないために注意すべきことについて、それぞれへの対応策を「アスリート」と「指導者」の2つの立場から明らかにすることです。そのため、「競技成績が向上しないときの対応策」と「ドーピング違反をしないための対応策」について、2つの立場から論じなければなりません。

　この答案例では、それぞれについて「アスリート」と「指導者」のどちらか一方からしか論じられていません。そのため、問題に十分に答えていることにならず、中途半端な答案になってしまっています。

キクチからのひと言 39　主語を明確化したうえで考えよう

☺ 合格点がもらえる答案例

問いにたいする主張の提示❶　❶トレーニングを行なっても成績が向上しないときは、アスリートは自身の練習の仕方を見直すべきだ。また、練習の仕方だけでなく、栄養面やメンタル面などについても考え直すことが必要だ。

問いにたいする主張の提示❷　また、❷指導者は、アスリートを長期的・包括的な視点で見るべきだ。つまり、アスリートのこれまでの生活や、現在の習慣、また今後の目標を見据え、どのような手段を用いれば成績が向上するかを、一段上の視点から見てアドバイスすべきだ。

問いにたいする主張の提示❸　また、❸ドーピング違反をしないためには、アスリートは、違反薬物に頼ろうとしない精神力が必要だ。それと同時に、自身の成績が伸び悩んだときには指導者に相談して解決するよう、ふだんからの信頼関係の構築が欠かせない。

問いにたいする主張の提示❹　❹アスリートの指導者としては、ドーピング違反についての知識を深めることが必要だ。選手はそれとは知らずに違反薬物を摂取しようとすることがあるので、それを未然に防ぐために、知識をもとにアドバイスをすることが求められる。

(406字)

答案例へのコメント

➡❶：○　トレーニングについて、アスリートの視点から述べています。「練習」だけに限定していないのがよい点です。

➡❷：◎　指導者については、広い視野で選手を育成すべきだという視点が書かれており、適切です。

➡❸：◎　ドーピングについて、選手に求められることを指導者との信頼関係も含めて書くことができており、実際に即したものになっています。

➡❹：○　指導者として求められることを簡潔に述べることができています。

全体を通じたコメント

　トレーニング、およびドーピング違反について、この問題では、「アスリート」と「指導者」それぞれの対応を書くように求められています。答案を書くにあたっては、そういった問題の誘導にうまく乗ることが重要です。答案例では、それぞれの要素について適切に文字数を配分したうえで、的確に問題に答えることができています。

キクチからのひと言 ⓾　主語の明確化と、それに応じた字数配分を考えよう

テーマ 57 教養系

頻度 ★★★★☆

出題例 経済格差、地域格差、男女格差など、日本だけでなく世界各地で格差社会が社会問題となっている。格差社会の具体的な事例を1つ挙げつつ、格差社会の解決策についてのあなたの考えを400字程度で述べよ。

（昭和女子大学人間社会学部現代教養学科／改題）

➤ **あなたの構成メモ**

自分で書いてみよう

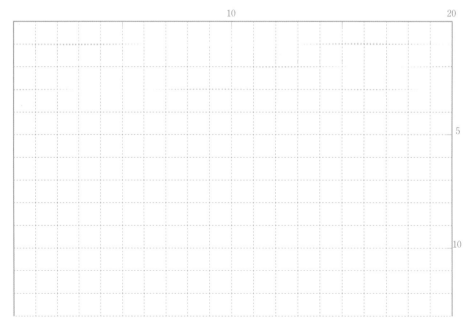

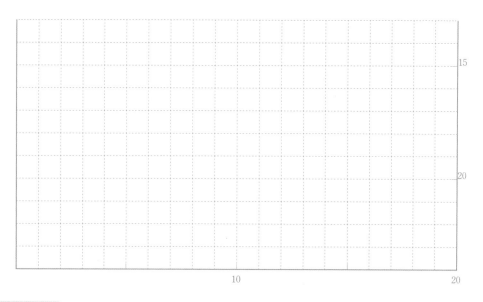

➤ 構成メモ例

> 格差社会 の具体的な事例を1つ挙げつつ、／格差社会の解決策についての／あなたの考えを
> 400字程度で述べよ。
>
> ● 格差社会：人びとのあいだの経済的・社会的格差が大きい社会──→不健全である
>   例 ：経済・地域・ 教育 ──→書きやすそう
>
> ● 教育格差：能力があっても経済的な理由で進学できない
>   ──→教育格差を放置すると教育が不十分で賃金が低くなる──→貧困の問題になる
> ● 解決策：公的サービスの充実
>   └─→資源を貧困層に分配するべきだ

「格差」の問題はさまざまな分野、そして多くの国ぐにでの課題になっています。今回の問題では、格差社会について、どれだけ適切な具体的な事例を挙げ、それを土台にしながら解決策を述べられるかが重要になってきます。

テーマのキーワード

● 格差社会：人びとのあいだの経済的・社会的格差が大きい社会のこと。日本では、1990年代初めのバブル崩壊後の不況により、中高年の雇用を守ることで若年層の雇用条件の悪化をまねき、世代間の生涯所得格差を広げた。親の経済状態が子の教育機会に影響し、高い教育が好条件な就業機会につながるため、格差は世代を超えて継承されつつある。

● 格差社会の是正：高齢者については、高齢富裕層の公的年金の減額や所得の再分配などを通じて高齢富裕層から高齢貧困層への所得移転を進めることが必要だという指摘がある。一方、若者については、人生のスタートラインでの機会の格差はなくさなければならない。そのためには、教育や就業のためのコストを社会が負担することが不可欠である。高校の授業料の無償化や大学や専門学校などの高等教育や職業教育の公費負担を大きくし、親の世帯所得にかかわらずに若者の教育機会や就業機会が保障されることが重要である。

❻ 合格点まであと一歩の答案例

　現代社会で問題となっている格差として、「機会の不平等」が挙げられる。機会の不平等とは、何らかの目標にかんして、そもそものスタート地点がちがうということを意味する。❶結果の不平等は、個人の努力の結果であるから、ある程度は納得できる。しかし、その出発点が人によって異なっていれば、結果の不平等が発生することは当然である。そういった不平等に直面した場合には、だれもが希望を失ってしまう。自身の将来にたいして期待できない社会は健全だとはいえないだろう。そのため、機会の不平等を解消していく必要がある。❷その方策として、だれしもが一定の収入を保障される制度が望まれる。また、❸自分がどのような選択肢をもっているのかを幼いころから知ることができるような社会体制が必要だ。このような、だれもが所得の面で平等となり、そのうえで自身の将来の選択肢について知識をもっておくことが、機会の不平等という格差を解消する方策であると考える。

(403字)

答案例へのコメント

➡❶：△　「結果の不平等」が出てきていますが、これにかんする定義などが書かれていません。「結果の不平等」がどのようなものなのかを説明しないと、「機会の不平等」と対になる考えであることがわからず、不自然な印象を受けます。

➡❷：△　「機会の不平等」を解消する方法として「一定の収入を保障される制度が望まれる」とありますが、この主張にたいする理由がありません。そのため、なぜそのような制度が必要なのかがわからず、読み手としては論理的でないという印象を受けます。

➡❸：△　「自分がもつ選択肢を知ることができる社会体制」というのは漠然としすぎています。より具体的に記述し、詳細を説明したほうがよかったでしょう。

全体を通じたコメント

「格差社会の具体的な事例」として、「機会の不平等」を挙げています。たしかに、「機会の不平等」は格差を考えるうえで重要な問題です。しかし、これはテーマとして抽象的で、範囲が広すぎるものです。そのために、答案自体が具体性の欠けるものになってしまっています。「大きなテーマ」から論じること自体は問題ありませんが、より具体的なテーマを挙げることができていれば、的確に論じることができていたでしょう。

キクチからのひと言 ㊶　「大きなテーマ」と「小さなテーマ」を区別しよう

😊 合格点がもらえる答案例

[「格差社会」の定義] ❶格差社会とは、人びとのあいだの経済的・社会的格差が大きい社会のことである。❷格差があまりにも広がってしまい、生まれながらにして格差が生じたりしてしまう社会は不健全だと考える。なぜなら、個人の努力で埋めることのできない格差は、個人間の不平等につながるからだ。

[具体例の提示] ❸具体例として、教育格差がある。保護者の経済力が欠如しているために、能力があるにもかかわらず進学できない場合がある。

[格差が広がることで起こる弊害を指摘] ❹この格差を放置してしまうと、十分な教育を受けることができなかった人びとが賃金の低いままになってしまうことが考えられ、それが貧困の問題となってしまう。

[解決策の提示] ❺こうした格差社会を解決するためには、公的なサービスの拡充が望まれる。資源の再配分が政治の役割の1つであるから、それを貧困層に分配することが必要だ。少なくとも、生まれながらにして格差に直面するような社会にならないような予防措置が欠かせない。現代社会においては問題を未然に防ぐことが求められる。

(403字)

答案例へのコメント

➡❶：◎ 「格差社会」の定義を明確に述べており、全体を引き締まった答案にすることができています。

➡❷：○ 格差が広がったり、生まれながらに生じていたりする社会は健全ではないという自分の見解を述べられています。

➡❸：○ 具体例として、現代社会で問題となっていて世界的にも通じると思われるものを挙げることができています。

➡❹：○ 「格差」の問題が「貧困」の問題になることを示し、それが社会的な課題であることを述べられています。

➡❺：◎ 格差の解決策として、「公的なサービスの拡充」を挙げています。まさに「格差」を是正するところに政治の役割の1つがありますので、それを意識したことはよい点です。

全体を通じたコメント

　はじめに「格差社会」の定義について述べることができているのがよい点です。これを論じることにより、自分が格差社会について理解していることを示せています。また、1つの細かいテーマにこだわることなく、「格差社会」という大きなテーマから答案を始めれば、大きな失敗はしなくなります。なぜなら、採点者が大枠をつかんだうえで答案を読むことができ、全体像を意識することができるからです。また、「解決策」についても、1つのテーマだけでなく、ほかのテーマにも通じるものを書けています。これにより、全体として統一感のある答案になっています。

キクチからのひと言 ㊷ ＜ 「大きなテーマ」から具体論へと展開すれば大失敗はしなくなる

テーマ 58 国際系

頻度 ★★★★★

出題例.. 「英語を学んで外国で活躍する」ことだけが「国際化」ではない。現代の日本社会が直面する課題の1つに多文化共生がある（「内なる国際化」といわれることもある）。日本の各自治体も多文化共生のための努力を続けている。この多文化共生とはどのようなことをさしているのか。なぜ多文化共生が必要なのか。具体的な例を挙げて自分の考えを400字程度で述べよ。

（新潟国際情報大学国際学部国際文化学科／改題）

➤ あなたの構成メモ

自分で書いてみよう

10   20

5

10

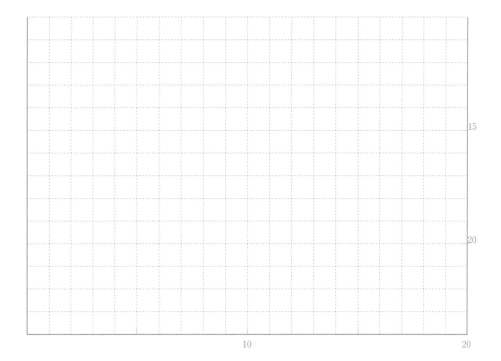

➤ **構成メモ例**

　この 多文化共生 とはどのようなことをさしているのか。／なぜ多文化共生が必要なのか。／具体的な例を挙げて／自分の考えを400字程度で述べよ。

《多文化共生とは》：日本に住む外国人を日本社会の構成員ととらえ、さまざまな背景をもつ人びとが個性を発揮できる豊かな社会
　　　└→現代のグローバル化のなかで個人レベルの交流が求められているので必要
　　　　　例：外国にルーツをもつ子どもたちが小学校で困難な状況に遭遇する
　　　　　　　──→ルーツに関係なく能力を発揮し互いに協力できる社会が望まれる

「国際化」について、「多文化共生」という観点から問う問題です。私たちは日ごろ国際化を「日本から外国へ出て活躍する」ことと考えがちです。しかし、国内にも「国際化」に関係する問題があることは知っておかなければなりません。また、問題の細かな指示に従って答案を作成することが必要です。

▎**テーマのキーワード**

● 多文化共生：「国籍や民族などの異なる人びとが、互いの文化的なちがいを認め、対等な関係を築こうとしながら、ともに生きていくこと」をさす。

● 多文化共生をはかる背景：今日の急速な技術の発展と、国家の枠を超えた経済の結びつきの強まりにより、人・物・情報の流れが地球的規模に拡大されている。諸外国との交流は、従来の国家間レベルのものから地域レベルのものも重要になってきた。

🜚 合格点まであと一歩の答案例

　多文化共生とは、自分たちが住んでいる地域に住むあらゆる人びとが、等しく尊重される社会のことだと考える。日本は同質の人びとで成り立っていると思われがちだ。しかしながら、実際はそうではなく、各地にさまざまな背景をもつ人びとが存在している。たとえば、<u>❶私の住む街には高齢者が多い</u>。高齢者の中には足腰が弱くなって自由に移動ができない人や、認知機能が低下して、自分の思うように意思疎通ができない人がいる。<u>❷そうした人びとは、社会においては弱者としてとらえられがちだが、私はそうではないと思う。</u><u>❸高齢者の人びとは、これまでの経験から、多様なバックグラウンドを有しており、独特の文化を形成していると</u>いってよい。したがって、高齢者の人びとが有する文化などを尊重していくことが必要だ。<u>❹こうした取り組みは、社会の構成員を平等に尊重することにつながる。</u><u>❺一人ひとりを大事にしていくことが、社会全体をよりよくすることにつながる</u>のだ。　　　　　　　　　　　（400字）

答案例へのコメント

➡❶：✕　「街に高齢者が多い」というのは、「多文化共生」の例とはいえません。また、「私の街」を具体例として挙げていますが、ほかにも日本各地に存在する、多文化共生の例があるはずです。一般的に通じるものがあれば、個人的な体験ではなくそちらを優先したほうがよいでしょう。

➡❷：△　「弱者かどうか」という問題と、「独特の文化をもつかどうか」という問題は別の話です。ここでくらべるべきことではありません。

➡❸：△　高齢者の人びとが「独特の文化」をもっているというのは不自然に思えます。年齢層で異なる文化をもつというのは、やや強引なのではないでしょうか。

➡❹：△　高齢者の文化などを尊重することが社会の構成員を平等に尊重することにつながるというのは無理があると感じられます。

➡❺：△　「多文化共生」から離れた結論になってしまっています。本来であれば、多文化共生が必要である理由についてまとめるべきでした。

全体を通じたコメント

　「多文化共生」について定義づけができている点はよい部分です。ただ、具体例として「高齢者も含めた文化の尊重」を挙げているのは、やや<u>視野がせまい</u>と思われてしまうおそれがあります。

　問題に「内なる国際化」とあるように、この問題が求めているのは、さまざまな国のバックグラウンドをもった人びとが共存することの具体例について論じることです。<u>答案ではその点について論じることができていなかった</u>のが残念です。

キクチからのひと言 ㊸　　具体例は的確なものを使おう

✿ 合格点がもらえる答案例

【「多文化共生」の定義づけ】❶多文化共生とは、日本に住んでいる外国人を日本の社会の構成員としてとらえ、多様な国籍や民族などの背景をもつ人びとが、それぞれの文化的な個性を発揮できる豊かな社会をめざすことである。

【「多文化共生」の意義】❷多文化共生が必要とされるのは、現代のグローバル化の流れの中で人・モノ・情報が世界規模で循環するようになり、今後の社会では、国家レベルでの交流だけではなく、個人レベルの交流が求められるからだ。

【具体例の提示】たとえば、❸現在の日本においても、外国にルーツをもつ外国籍の人びとの子どもたちが、日本語を十分に理解できないまま小学校に進学し、授業が理解できないなどの問題が生じている。これは、これまでの日本では日本語のみの使用を前提としたことから発生したものである。

【問題解決のための主張・結論】❹こうした問題を解決するためにも、個々人がそのルーツに関係なく能力を発揮し、互いに協力できる社会の構築が望まれる。そうした社会で重要となるのが、多文化共生という考え方であると考える。

(399字)

答案例へのコメント

➡❶：◎ 「多文化共生」について、明確に定義を述べることができています。

➡❷：○ 問題の指示に従って、「多文化共生」が求められる理由について妥当な記述に仕上がっています。

➡❸：◎ 現代の日本で実際に問題になっていることを具体例として述べており、テーマについて問題意識があることを示せています。

➡❹：○ 結論として、テーマにかんする自分なりの考えを述べることができています。

全体を通じたコメント

　冒頭で「多文化共生」の定義を明確に述べることにより、答案全体を引き締まったものにすることができています。また、テーマへの関心があることを示せています。

　さらには、問題の指示にそって的確に主張ができています。「多文化共生」が求められる背景を述べるとともに、具体例も時代に合っているものを挙げられていて、それにより採点者に自分の視点の鋭さをアピールできています。結論も適切であり、よい答案だといえるでしょう。

キクチからのひと言 44 ◀ 的確な具体例は答案をシャープにする

テーマ 59 人間科学系

頻度 ★★★★☆

出題例 2016年に開催されたリオデジャネイロ・オリンピックでは、国家ぐるみのドーピングが行なわれていた問題で、国際陸上競技連盟はロシア代表選手の出場を原則として禁止した。他方で、国際柔道連盟は同国代表選手の出場を認めており、競技団体によって出場の可否をめぐる対応が分かれた。このように、自分の過失について責任を負わなければならない（＝自己責任）ことばかりでなく、自分が所属する集団の過失についても連帯して責任を負わなければならない（＝連帯責任）場合もある。この点にかんするあなたの考えを400字程度で述べよ。

（大同大学工学部／改題）

> **あなたの構成メモ**

自分で書いてみよう

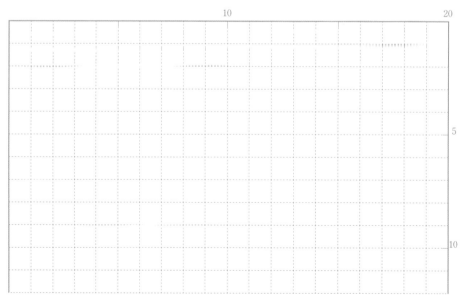

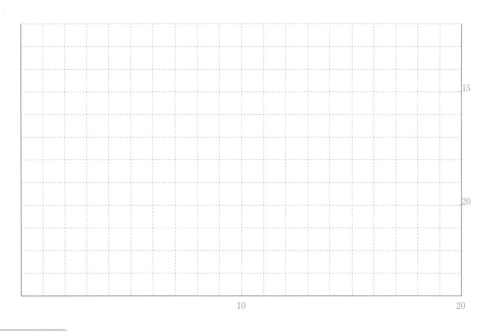

➤ 構成メモ例

　　自分の過失について責任を負わなければならない（＝ 自己責任 ）ことばかりでなく、／自分が所属する集団の過失についても連帯して責任を負わなければならない（＝ 連帯責任 ）場合もある。／この点にかんするあなたの考えを400字程度で述べよ。

- 　 自己責任 ：自分の行動の責任は自分にある

- 　 連帯責任 ：グループで連帯して責任を負う

　　　　　→構成員の不祥事（ふしょうじ）の防止・構成員に自律的な行動を促す

　　　　　　　　　　　　しかし

　　　関係ない人びとまで巻き込まれる問題

　　　　　→個人の尊重という観点からいうと、連帯責任はその権利を重視していない

　　　　　　　→連帯責任は最小限に抑えるべきだ

　　学際系のうち、人間科学系のテーマでは人間社会についてさまざまな観点から問われることが多くありますので、幅広い知識をもっていることが必要です。また、今回の問題では「自己責任」と「連帯責任」の対比をつかんで書いていくことが重要です。

テーマのキーワード

- 自己責任：自分の行動の責任は自分にある、という考え方。

- 連帯責任：集団や組織が、ある行為、またその結果にたいして連帯して負う責任のこと。連帯責任は、「教育的配慮」と「不祥事の抑止効果」があることが正当化される根拠であるとされる。とくにスポーツなどにおいては、みなで支え合ってチームが成り立っており、みなで支え合って栄誉を勝ち取れば、みなの誇りであり人生の大きな糧（かて）になる。逆に、メンバーの一部でも不祥事を起こせば全体の不名誉であり全体が瓦解（がかい）するという考え方もある。

　私は、「連帯責任」はすべてなくすべきであると考える。❶ニュースで、あるスポーツチームの1人が不祥事（ふしょうじ）を起こしたがゆえに、そのチーム全体が試合に出場できなくなるということを聞いたことがある。こうしたことも連帯責任といえるだろう。では、1人が不祥事を起こしたからといって、他のチームメイトにも責任はあるのだろうか。私はそのようなことはないと考える。❷私が中学生のときも、連帯責任で罰せられた人を見たことがあるが、彼にはなんの落ち度もなかった。❸グループの中の特定の1人が起こしたことによりほかのなんの落ち度もない人びとが責任を負わされるのは許せないと感じる。そのため、スポーツの世界では連帯責任は撤廃（てっぱい）すべきである。そして、❹不祥事を起こした者のみがその責任を負うという自己責任に切り替えることが必要である。❺そうすることで、ほかの人に振り回されることなく、個々のプレーヤーが自分の目標に向かって努力できると考える。

(399字)

答案例へのコメント

➡❶：△　自分が耳にしたニュースのことを述べていますが、この部分は必要でしょうか。たとえば「連帯責任」の定義づけをするなど、ほかにも書くべきことがあるはずです。余分な要素は入れないようにしましょう。

➡❷：△　具体例として「自分の経験」を挙げていますが、それは社会一般に直接つながる話ではありません。今回の答案においては必要のない部分だったといえるでしょう。

➡❸：✕　問題は、あなたの「感情」は聞いていません。あくまでもテーマについて論理的に論じることが求められています。「感情」を書いてしまうのは「感想文」ですから、「小論文」としては不適切です。

➡❹：△　自己責任に切り替えるというのは、この論展開だと唐突に思えます。また、十分な論拠がないので極端なことを論じているように感じられます。

➡❺：△　「自己責任」にすることと、個々のプレーヤーが努力できるということは、直接つながっていないはずです。つながっていない部分をむりやりつないでいるという印象を受けます。

全体を通じたコメント

　自分の思いをそのまま語ったような答案になってしまっています。また、自分の主張の根拠が、自身の体験談となっており、説得力に欠けます。

　小論文で求められるのは、問題にたいして、だれもが納得できるように論理的に答えることです。感情を表出するのではなく、読み手がどのように答案を読むかということを考えた答案づくりを心がけましょう。

キクチからのひと言 45　問いに正面から答えることを心がけよう

🔬 合格点がもらえる答案例

［自己責任と連帯責任の定義づけ］ そもそも❶自己責任とは、自分の行動の責任は自分にあるという考え方である。一方、連帯責任とは、あるグループが、ある行為やその結果にたいして連帯して責任を負うという考え方である。

［連帯責任の意義］ ❷連帯責任には、構成員の不祥事を未然に防止したり、構成員に自律的な行動を促したりする教育的効果があるとされ、現代においても広く見られるものだ。

［連帯責任の問題点］ しかし、❸連帯責任は、集団の中の特定の者たちが引き起こしたことについて、それに関係のない人びとまでが巻き込まれてしまうという問題がある。つまり、❹個人の尊重という観点からいえば、連帯責任は、何も不祥事を起こしていない個人にまで責任を負わせることであるから、その人びとの権利をないがしろにするものであると考えられる。

［まとめ・結論］ 連帯責任には、たしかにある一定の効果がありうる。しかし、❺連帯責任があまりに広がりすぎると、個人がその活動を自粛（じしゅく）し、その権利を結果的に制限することになるため、最小限に抑えるべきだと考える。

(404字)

💬 答案例へのコメント

➡❶：○ 「自己責任」と「連帯責任」について、定義づけが明確にできています。

➡❷：○ 「連帯責任」を掘り下げ、その意義があることを示しています。これにより、このあとに述べる自分の考えにたいする反論を考慮した答案とうまくつながります。

➡❸：◎ 「連帯責任」にかんする問題点を明示できています。

➡❹：○ 「連帯責任」の問題点をもとに詳細な説明を加えていて、読み手にとってわかりやすい文章になっています。

➡❺：◎ 自分がテーマについてどう考えるかを立場を明確にして述べることができており、問題に正面から答えられています。

💬 全体を通じたコメント

　全体として、「自己責任」と「連帯責任」を対比させつつも、「連帯責任」にどのような意義や問題点があるかを示し、それにたいする自分の考えを述べることができています。とくに、連帯責任について、自分の中で出した結論を整然と書くことができており、その点が評価の高いポイントになるでしょう。

キクチからのひと言 46 ◀ 正面から答えた答案は評価される

小論文が苦手だった小論文講師

何を書けばいいのかがわからなかった受験生時代

ここでひとつ告白をしましょう。

私は、大学受験生のときに、小論文が大の苦手でした。高校時代はそれなりに国語の点数はよかったものの、いざ小論文となると、何を書けばいいのかわからなかったのです。大学の2次試験に小論文があったため、苦手だけれどがんばろうと練習もしました。そのときの高校の先生も、貴重な時間を割いて指導をしてくださいました。そのなかで、何回も過去問を解き、添削をしていただいたのですが、イマイチしっくりきませんでした。当然、先生からの評価も辛口でした。

そして迎えた大学の2次試験、結果は「惨敗」でした。試験当日に頭が真っ白になって、その場で思いついたことをさっと書いただけになってしまったのです。試験の成績をあとから見てみると、5段階評価のうちの最低評価でした。「ああ、自分は小論文が苦手だなあ」と思ったのがそのときです。そしてあえなく浪人生活を送ることになります。

予備校でも小論文講座を受講しましたが、添削された答案は真っ赤で、当然評価も最低評価でした。「これでは入試で小論文は使えない……」 当時の私はそう思い、その年の入試でも、小論文のない大学を受けることになりました。小論文から「逃げた」受験生としての1年でした。

何をどう書けばいいのかがわかった大学生時代

1年の浪人生活の結果、法学部に入学することになります。そこで面食らったのは、「定期試験がすべて論述試験である」ということでした。小論文が苦手なのに、論述試験なんて……と思ったのを、いまでも覚えています。

しかし、ここで論述試験、つまり小論文を乗り越える糸口を見つけることになります。私が通った大学の法学部では勉強会がさかんで、法学部専用のサークルで論述試験の答案の書き方を先輩が教えてくれたのです。法学部の論述試験では、あるテーマが与えられて、それについて自分なりの意見を1,000字程度で書くことになっていました。もちろん、書き方も何も知らないので、最初は書きようがありません。それでも、法学部の論述試験の答案の書き方を先輩方が教えてくれた結果、答案が次第に書けるようになったのです。ここではくわしくは省きますが、<u>どのような構成で、どのような道筋を立てていけば答案として成り立つのか</u>を知ることができました。こうしたアドバイスを受けたことで、論述試験もこわくなくなりました。これまで長い文章を書くのに苦労していたことがうそのようでした。勉強会では、問題にたいする前提知識が必要であることと、答案を書くときには構成から考えてから答案に落とし込む必要があることを学びました。そこで得た知識や技能はいまでも生きつづけています。

この本には、私が学んできたことをすべて詰め込んでいます。小論文を最初から敬遠することはもったいないのです。<u>やり方さえわかればだれだって書けるようになります。</u>あきらめずに取り組んでいきましょうね。

勉強に疲れてしまったときは

だれでも、勉強に疲れてしまうことはある

　小論文を含めさまざまな勉強をしていくなかで、「疲れたなあ」と思うことがときおりあるはずです。

　毎日机に向かい、教科書や参考書を開いて勉強していれば、疲れるのは当然です。とくに、部活動などを引退して、いざ勉強、となったときは、慣れないことばかりですから大変ですよね。「どうして自分は勉強なんてしないといけないのだろう」とか、「こんな勉強をしてなんの役に立つのだろう」と思うことが何度もあるでしょう。もちろん、「受験勉強だから」という理由で、割りきってしまうこともできますが、それだけではなんだか寂しいですよね。

　勉強に疲れてしまったときには、こう考えてみてはいかがでしょうか。「勉強は、あすの自分へのごほうびである」と。

「ごほうびになるの？」と思うかもしれませんが、実際にそうなのです。きょう勉強したこと・学んだことが、自分にとって損になることはけっしてありません。知識は、自分が生きていくうえで必ず役に立ちます。

　たしかに、「いま」役に立つかといわれれば、そうではないこともたくさんあります。それでも、たとえ「いま」は役に立たないとしても、「いつか」役に立つときがくるのです。当然、「受験」ということを考えても、いま学んでいることは受験にいかせないわけがありません。

　学べば学ぶほど、受験当日の自分がもっている「武器」が増えることになるのです。武器が増えれば、問題との格闘も、自分のペースに持ち込むことができます。勉強して何かを学ぶということは、入試当日の自分にたいする「ごほうび」であり、そして「いつの日か」役に立つ武器を手に入れることにほかならないのです。

それでもほんとうにつらいときには

　勉強をしていれば、自分が思うように成績が上がらないとか、予定していたように勉強が進まないとか、そういったことが起こります。自分が努力しているはずなのに報われないような気持ちになるのはつらいことですね。

　このようなときには、1日だけ、勉強から離れてみるのもひとつの手です。勉強から離れるといっても、1日友だちとスマホでやりとりするとか、カフェでおしゃべりするとか、そういうことではありません。勉強とは関係ないところに、自分の身をおくのです。たとえば、海辺の砂浜を散歩したり、公園のベンチでボーっとしたりするようなことです。何も考えず、ただ時間が過ぎていくのに任せていきます。そうしているうちに、自分を見つめなおすことができたり、現在の問題の突破口を思いついたりします。空白の時間に身をゆだねることによって、自分をリセットすることができるのです。

　毎日を張り詰めた状態のままで保つのではなく、ときには「空白」をつくってみましょう。緊張の糸をほぐすのです。そうすることによって、自分がいま、何をすべきなのかが明確になることがよくあります。自分を追い詰めすぎずに受験を乗り越えていきましょう。

大学ってどんなところだろう

「大学」のイメージはありますか？

多くの人は、なぜ受験勉強をしているのですか、と聞かれれば、「大学に入るため」と答えるのがふつうですね。大学入試のために勉強をしているのですから当然のことです。

では、「大学」がどのようなところなのか、イメージはあるでしょうか。この本を読んでいるみなさんのなかには、大学のことはよくわからないけれど、大学生に憧れているから大学に入りたいとか、周りの人がみんな大学に行くからめざしている、という人もいるかもしれませんね。ここでは、私なりの「大学」のとらえ方についてお話ししたいと思います。

私が思うに、「大学」というのは「自分が学びたいことを学ぶ場所」のことです。そういわれると、「華やかなキャンパスライフを過ごせる空間」とか「サークル活動や旅行を楽しめるところ」などと思っている人には違和感があるかもしれませんね。でも、これは本当のことです。大学は、自分がもっている学問への欲求、学びたいという欲求を満たすために行く場所です。けっして「人生の夏休み」を楽しむために通うところではありません。

たしかに、大学は「自由」です。高校までとはちがい、授業に出るかどうかが個々の学生に任されている面もあります。しかし、それに甘えているようではいけません。どれだけ自分で考え、自律的に自分が知りたいことを学んでいくかが重要なのです。

大学には、膨大な数の本があり、最先端の研究をしている先生方と、いっしょに学ぶ友人たちがいます。学ぶための環境がせっかくそれだけしっかり整っているのに、それらをむだにする手はありません。

そもそも、大学に行くかどうかはあなたの「自由」です。べつに、高校を卒業してからバックパッカーになって世界一周をしても、社会に出て働いてもいいのです。それでも大学に入学するとしたら、「学問を修めたい」という意志をもたなければなりません。大学をたんなる「自由に遊んでいい空間」ととらえるのではなく、積極的に学ぶ場所だと考えてほしいのです。

入試は人生の通過点

受験生のみなさんにとって、「入試」は一大事です。自分が学ぶ場所が入試で決まるわけですから、当たり前ですよね。

ただ、1つだけ覚えておいてほしいことがあります。入試は長い人生における1つの通過点にすぎない、ということです。入試を人生のすべてだと考えるのではなく、入試の向こう側にある世界を考えてほしいのです。入試を「ゴール」のように考える受験生もいますが、入試は大学という世界に立つためのスタートラインでしかありません。

もちろん、受験勉強で得られることはたくさんあります。それでも、それは数十年にわたる人生のうちの一部です。その先に学んでいなければならないことのほうがよっぽど多いのです。

みなさんには、入試の先にある新たな世界を見据えて入試に臨んでもらいたいと思います。そういった姿勢で入試に臨むことにより、ほかの受験生より一段高い視点から物事を考えることができるのです。

おわりに

❀ この本を読み終えたみなさんへ

　最後まで読みきっていただいて、ありがとうございます。小論文の基礎から始まり、頻出「テーマ」の解説にまで及んだこの本には、それなりの手ごたえがあったのではないかと思います。まずは、貴重な時間を割いてこの本を読んでいただいたことに敬意を表します。

　1冊の本を読み通すというのは、じつは大変なことです。それをやりきっただけで、あなたはほかの受験生とはちがうステージに達したといってもいいでしょう。自分でやると決めたことをやり抜くこと、それは受験だけではなく、今後の社会を生きていくうえでもとても大切なことです。その素質を、あなたはもっています。自信をもってもらってだいじょうぶです。

❀ もう一度読もう

　いまは、この本を読み終えて、次の参考書に移ろうか、過去問を解こうか、などと考えているかもしれません。

　でもちょっと待ってください。この本で読んだことをすべて吸収していますか？　掲載されている過去の入試問題について、合格答案を書く自信はありますか？

　人は忘れる生き物です。一度読んだだけで、内容が完全に頭に入ることはほとんどありません。どこかが記憶から抜け落ちているはずです。ですから、次へ次へと焦らず、この本をもう一度読み直してみてください。読み落としていたことが必ずあります。一度読んだところからも、新しい発見がどんどん出てきます。この本を書くにあたっては、いたるところに小論文を書くにあたってのエッセンスを盛り込みました。もう一度読むことにより、それを自分の中に完全に取り込むことが可能になります。知識を知識のまま終わらせず、自由自在に使えるようにしていきましょう。

❀ この本の締めくくりに

　私が中学生のころに出合い、それ以来大切にしている言葉があります。

　　「欠陥が私の出発の基礎だ。無能が私の根源だ」

　フランスの作家、ポール・ヴァレリーの言葉です。

　そのころの私は、自分を周りの人と比べて、つねに劣等感を感じていました。「なぜ自分はあれもこれもできないダメな人間なのだろう」と思っていました。そのような時期にこの言葉に出合い、ぐっと勇気づけられた気がしました。自分に欠陥がなければ、そこから成長することはできない、自分が無能だと思わなければ、自分を動かす原動力が生まれない、そう考えることができるようになりました。

　大学入試という大きな壁を前にして、弱気になることもあると思います。でも、それは、自分と直接向き合う大切な機会でもあるのです。自分自身の弱いところを直視し、それらを克服するために努力することは、新たな舞台へと飛びだすために必要なのです。逃げることなく、自分の意志を貫いてください。この本がみなさんの糧になることを願ってやみません。

菊池　秀策（きくち　しゅうさく）
　小論文専門予備校「小論ラボ」主宰。1988年生まれ。福岡市出身。
　福岡県立修猷館高等学校を卒業後、早稲田大学法学部入学。大学卒業後、大手電機メーカー関連企業での業務の傍ら、都内の学習支援ボランティアに参加。受験生の偏差値を3か月で10ポイント向上させ、志望校に合格させたことがきっかけとなり、教育を通じて社会に貢献することを決意して講師に転身。都内の大手予備校で教えたのち、福岡において複数の予備校を経験し、小論文専門予備校「小論ラボ」を創設。初年度から国立大学医学部合格者を輩出し、以降も毎年受講生を難関大学へ送り出している。医学部専門予備校などにも出講。
　自塾では、すべての授業をひとりで担当。生徒との完全個別による、ディスカッションを中心とした指導を行なう。また、小論文対策以外にも、面接対策を含めた総合的な入試対策まで網羅。人文科学、社会科学、自然科学に関する幅広い知識を有し、法学部で学んだ論文作成技術とビジネスの視点まで取り入れた独自の指導には、思考力・判断力・表現力が養われると定評がある。
　著書に『話し方のコツがよくわかる　看護医療系面接　頻出質問・回答パターン25』（KADOKAWA）、『いざ書きはじめる前に知っておきたい　選ばれる小論文のエッセンス』（Gakken）がある。

がっこうすいせんがたせんばつ　そうごうがたせんばつ
学校推薦型選抜・総合型選抜
じょうず　か　　　　　　　　　　しょうろんぶんごうかく
だれでも上手に書ける　小論文合格ノート

2021年2月5日　初版発行
2024年10月30日　　6版発行

きくち　しゅうさく
著者／菊池 秀策

発行者／山下 直久

発行／株式会社KADOKAWA
〒102-8177　東京都千代田区富士見2-13-3
電話 0570-002-301（ナビダイヤル）

印刷所／株式会社加藤文明社